だいわ文庫

50代から始める知的生活術

「人生二毛作」の生き方

外山滋比古

大和書房

はじめに

サラリーマンでいえば、六十歳から六十五歳で定年を迎えます。

わたしもそのころに、勤めた大学を辞めて、人生の衣がえをしました。世のサラリーマンとは少々異なる歩みでしたが、職を辞すことの重い気持ちはそれなりにありました。

しかし、自分の年齢に対する思いということで言えば、六十歳を過ぎたからといって、とくだん感慨深い思いにひたった記憶もありませんし、七十歳に達したときも、来《き》し方をしみじみふり返るといったこともありませんでした。

そしていま、気がつけば、八十歳をとうに超えた年齢になっています。

この間、かつての同僚、知人たちには、会うたびに元気をなくしていたり、どんどん小さくなっていくように感じる人もいます。

それに比べて、自分のほうは、年をとればとるほど、不思議なくらい、内からみなぎる力を感じるようになりました。体力は年相応に衰えてはいても、気力は少し下の世代などには負ける気がしません。

何よりも気力の充実だと思います。一日一日を楽しく、明るく、前向きに生きていきたいという思いです。

なぜだろう。

そして、こんなふうに考えました。

ひょっとして、自分は一毛作の単作人生ではなくて、二度の作つけをする二毛作人生を送ってきたからではないか、そんな思いがします。

二毛作人生と言っても、人によってさまざまだと思います。複数の仕事を経験することで二毛作とする人もいれば、仕事と趣味の時間をうまく使い分けて二毛作にする人もいてよいでしょう。

ただひとつ言えるのは、ある「一定の年齢」を境にして、一毛作人生と二毛作人生とがはっきりと分かれるわけではない、ということです。そういう意味では、本書は、定年後のことを考える人だけを想定したものではありません。年齢を重ねても、気力にみなぎる人生を送るにはどうしたらいいか。そのために、若いときからどんな心構えをもって生きればよいのか。

それを念頭に、みずからの体験もふまえながら考えたことを述べたのが本書です。

二毛作人生とはどんなものかについて考えるのに、いくらかでも参考になれば幸いです。

50代から始める知的生活術――「人生二毛作」の生き方　目次

第2章

脳を生き生きとさせる

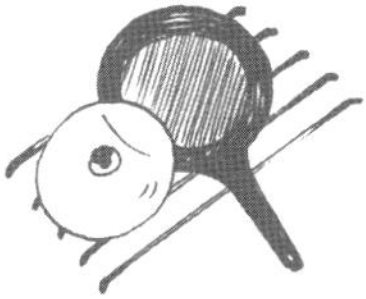

第3章 つきあいの作法

第4章

知的生活の知恵

第5章 新しい人生を切りひらく

第1章

意気軒昂八十代へ向けて

自分の足で歩く

秋の澄んだ夜明け前、空を見上げると、ぽっかり浮かぶお月さまが美しい。あたりはまだ、夜のしじまにつつまれています。

自宅から歩いて向かうのは、東京メトロ・丸ノ内線の茗荷谷駅。大手町・新宿方面に向かう午前五時四十六分発の電車に乗るのが、わたしの一日の始まりです。皇居のまわりを一時間半ほど散歩するのです。定期を買ってあります。

大手町駅に五時五十六分着。半蔵門線に乗り換えて、九段下駅に着くのが六時五分ころ。そこから、皇居に隣接する北の丸公園に向かいます。本人はのんびり歩いているつもりですが、どうやら人様から見ると、けっこう早足のようです。

北の丸公園に着くと、やがて六時三十分からのラジオ体操が始まります。これも、朝のスケジュールに組みこまれています。

いつもの顔見知りと一緒にラジオ体操を終えると、皇居をぐるりとまわる周囲通路に出ます。

半蔵門から三宅坂へとさしかかると、右手に国立劇場と最高裁判所。さらに向こうには国会議事堂が望めます。

皇居のお濠《ほり》の土手は、春には菜の花でおおわれており、いつも心を動かされます。

そして、桜田門を抜け、二重橋前の皇居前広場の砂利をふみ、大手町駅へ。地下道には、喫茶店があって、いつも大混雑。席が空いているときは立ち寄って一服、カプチーノを飲む。

ふたたび地下鉄に乗ります。通勤ラッシュとは逆方向なので車内は空いていて、いつも座れます。

若いとき、わたしも勤め人でした。しかし、二足のわらじを履いていました。

本職は、東京教育大学（後に筑波大学となる）の、英文科の教師でした。他方で、『英語青年』という雑誌の編集をしていました。

雑誌ははじめさんざん苦労させられましたが、やがて、そこそこ売れるようになりました。なんだかんだやっているうちに、雑誌だけでなく、出版部門の責任者のような仕事もやるようになりました。しかし、四十歳を前にして、ふと思ったのです。この仕事、あと十年、続けられるのだろうか、と。

ひとつには、菊池寛の「編集者、三十五歳定年説」というのが頭にありました。菊池寛によれば、企画力でも創造力でも、編集という仕事は、三十五歳が限度だというわけです。自分はその年を超えて五年たっていました。

それと、もうひとつ。人間、調子のいいときにやめるのがよいのだと思ったのです。出版というのは水ものです。売れるときもあれば、売れないときもある。調子が悪くなって、やめざるをえないのを待つよりも、まだいけるというときに身を引けば、「次」が見えてくるかもしれない。

そう考えて、二足のわらじの片方は脱ぐことにしましたが、確たる展望が見えていたわけではありません。どうも本職の教職に専念という気にはなれない。俸給をもらって、このひとすじの道を歩んでいっていいのか、という思いがくすぶり続けていました。

ふり返ってみると、わたしの三十代は、そんなくすぶりを炎に変える段階だったのかもしれません。「人生の二毛作」などということばは、もちろん当時は思いおよびもしませんでしたが、少なくとも、選択肢のない人生は送りたくありませんでした。

実直なサラリーマンだった父親を見ていたせいかもしれません。父がサラリーマンをやめたあとの背中は、いかにも寂寞《せきばく》としていました。ああはなりたくないと思っていたのです。おやじにもそれなりの苦労はあったはずですが、ああいうようにはなりたくないと思っていました。

いま、そのおやじの亡くなった年をとうに超え、妙にはり切っている自分がいる。毎日が楽しい。年を重ねるほど、生活にみずみずしさを感じます。そういうように感じ始めたのは、七十歳を超えたころからだと思います。

人生は、二毛作がいい。

同じ耕地で、一年のあいだに異なる作物を栽培することを二毛作といいます。同じ作物をつくるのは二期作です。二期作ではなく、二毛作がいい。最初に歩んだ道とは異なる、別の生き方をする人生を考えました。

二毛作というとき、農業では、一度目の作つけを表作、二度目の作つけは裏作ですが、人生の二毛作は、決して「裏」ではない。もちろん余生などというのでもありません。

第一幕の人生とは趣《おもむき》を変えて、むしろ第一幕をしのぐほどの楽しさと充実感に満ちた生活を迎える。それが、人生の二毛作です。

自らの力で、大地にしっかり足をつけて歩く。力強さを足裏に感じながら進む。それが、後半の人生です。

朝の散歩から自宅に帰るのは八時を少し過ぎたころです。朝、家を出てからの歩数は一万歩ほど。歩くことは、清々しく、楽しい。この当たり前の悦びを実感できるのは、恵まれた人生というべきかもしれません。

そして、今年、九十一歳。

「老後」ということばを意識し始めてから、ずいぶんと歳月がたちました。思いのほか長いのが、老後です。この老後を輝かしきものにするために考えたのは、老後を意識し始める少し前から、まず自分の足で歩くことでした。

二毛作の人生は、そこから始まります。

転機と見たら、行動する

わたしの三十代は、二足のわらじを履いて、人生の二毛作に向けた足ならしをしたようなものです。そして、四十代。教職ひと筋という生活を始めたとき、ひとつの転機が訪れました。

東京教育大学の助教授でしたが、後の筑波研究学園都市への移転の話がもちあがったのです。

多くの教員が反対しました。急先鋒は、わたしのいた文学部です。全学でいえば、三分の一くらいの教員が反対していたのではないかと思います。わたしも、その中のひとりでした。

しかし、評議会という大学の最高機関で移転が決まってしまった。同僚たちは、それでも反対し続けると主張しました。結束しようじゃないかと、互いをはげまし合いました。

そのとき、わたしは思ったのです。

反対運動に立ち上がったのは、覚悟をしたうえでの話ではなかったのか。覚悟というのは、自分たちの主張が通らなかったら、潔く身を引くということです。反対の矛《ほこ》を収めるだけではない。大学を辞める覚悟があってしかるべきではないのか。そう思うのです。

当時、移転反対の人がどれくらいいたか正確な数は知りませんが、正式な移転決定のあとも、だれひとり、職を辞するものはいません。「反対」のむしろ旗を掲げたまま、結局はいまの職にしがみついているだけではないか。わたしには、そう見えたのです。

絶対に反対を貫こうと、みな決心していたのです。しかし、その反対が通らず、敗れた。となれば、自らの責任の取り方がある。そう考えて、大学を辞める決心をしました。

同僚に辞める決意をつげると、みな、口をそろえたように言います。

「自分ひとりだけ、逃げるのか」

「敵前逃亡ではないか」

「反対運動は、あと十年は続くぞ」などと悠長なことを言っている人間もいました。

しかしわたしは、ここで身を引くことは、一種の礼節だと思いました。謀反を起こして失敗すれば、昔の武士なら切腹もの。いまの組織人であれば、職を辞するのは当然。

かつての威勢のいいサラリーマンは「内ポケットにいつも辞表を入れておけ」などと言いました。そんなキザな台詞まで用意しなくていいと思いますが、いざとなったらすぱっと辞めるというのは、組織人としてごく自然な行動だと思います。

みなと同じ流れの中に身を置けば、そのときは気も休まるかもしれません。しかしそれは、いっときの安らぎであって、やがてほころびがくる。

ひとりで歩き始めるのは、最初は心細いものです。緊張もするし、危険がともなうこともあります。その代わり、案外、元気がわいてくるものです。萎縮《いしゅく》した心ではなく、昂然《こうぜん》とした覚悟がそこにあります。

幸い、いくつかの大学から声がかかりました。その中で、自宅からもっとも近いお茶の水女子大学に行くことにしました。

条件をひとつだけ、提示しました。「教授」として移りたいということです。これは、かなり乱暴な要求でした。

東京教育大学時代のわたしは助教授。当時の四十三歳という年齢は、国立大学の常識では、教授には「若すぎる」のです。お茶の水女子大学には、年上の助教授が何人もいたし、わたしと時を同じくして、ある私立大学の教授は助教授として移ってくることも聞いていました。

しかし、わたしは、「何か条件はないか」と聞かれたので、臆面《おくめん》もなく「では、教授で」と言ったのです。

これには、わけがあります。

大学で、助教授から教授に上がるときは、学内選考がおこなわれます。そのとき、同僚教員が選考委員として業績審査などをすることがあります。昨日まで友人のようにふるまっていた同僚が、急に審査の役回りをするわけです。

そこに確執が生まれたりします。学科内がけっこう、ゴタゴタすることもあります。そんなわずらわしいことに巻き込まれたくない。学内選考をはたから見ていて、いつもそう思っていたのです。

当初、お茶の水女子大学でも、無体な要求をするやつだと、ずいぶんと悪評もあったようですが、わたしは、要求が通らなければそれまで、ご縁がなかったものと思えばいいと心に決めていました。こちらの要求はすんなりではありませんでしたが、通りました。これも、東京教育大学を去ると決めた余勢があったのかもしれません。まわりの流れにあらがい、孤塁《こるい》をまもって、歩き始めるのです。

歩けば、つまずくこともあります。しかし、自力で歩いて転ぶなら、その痛みは納得できます。

四十代になったら「将来」を考える

人生の二毛作を志すなら、四十代から準備を進めておくことです。これまでのわたしの人生をふり返ってみて、起点は四十代だったたと思います。

一般のサラリーマンでも、それは同じでしょう。第二の人生が定年後に始まるとして、超高齢社会になった現在では、まだ三十年も、場合によっては四十年もセカンド・ステージが待っているのです。

その長期戦に備えるためには、早くから、二度目の作つけの準備をしておかなければなりません。自分の畑にどの作物が合うのか。最初は、試行錯誤も必要でしょう。それを始めるのが四十代というわけです。

サラリーマンとしては、定年まではあと二十年近くあります。二つ目の作物の種をまき、じっくり生育状況を見ることができます。今年がだめなら、来年、再挑戦もできます。種は三つ四つまいてもいいでしょう。その生育状況をじっくり見比べ、その中から、しっかり根づいたものを二毛作の品種として選んでもいいのです。

ところで、育成すべき作物とは何か。

すなわち、人生の後半で打ちこめる「仕事」は何かです。ここで言う仕事とは、必ずしも生活の糧を得るための仕事とはかぎりません。経済的余裕のある人なら、没頭できる趣味の世界ということもあるでしょう。もちろん、仕事として金銭的な対価を得られるなら、それにこしたことはありません。

ただ、ひとつ言えるのは、一毛作時代の「得意」には固執しないほうがいいということです。商売をやっている人なら別ですが、サラリーマンの場合はもともと、自分の本来の価値観とピタリとはまったものを仕事にしているわけではありません。

そのことを、組織のエスカレーターに乗っているうちに、いつのまにか自分の「得意」と思いこんでしまっていることもあります。

もし、あるとき人生の二毛作を志したのなら、そのエスカレーターはいったん降りて、自分の足でのぼる階段を見つけたほうがいいでしょう。階段もなければ、自分ではしごをつくるくらいの気概があってしかるべきです。

これまでの経験があるからという理由だけで、同じことで、二回目の作つけをするのは、おもしろみがありません。だいいち、古い土俵では、緊張感が乏しくなります。

人間、年をとると経験則をあてはめようとします。数多く集めた知恵の引き出しを使おうとします。それでは、第二の人生の収穫は色あせます。

わたしの場合は、四十代を、教師の二期作目としてお茶の水女子大学で送っていました。しかし、英文学だけを相手にするのはつまらないし、日本人が外国のことをいくら勉強してもたかが知れていると思っていました。

英語だけではつまらないなら、日本語がある。そう思って始めたのが、日本語の仕事です。ただ、研究者としてはまったくの素人でした。

「英文学者が、なぜ日本語なんかに首をつっこむのか」

同じ英文学をやっている同僚からは、あからさまに批判されたものです。独立独歩でやってきたわたしが、そんな陰口に動じるはずもありません。日本語の勉強はやればやるほどおもしろくなる。五十歳を前にして、『日本語の論理』という本を出しました。

英文学と日本語。ここでふたたび、わたしは二足のわらじを履くことになったのです。三十代のころは、仕事のふたまたでしたが、今度は勉強の二つの道でした。

英文学の勉強が、一毛作だったとすれば、日本語の仕事は、二毛作目だったわけです。

以来、日本語やことばについての講演依頼も増えました。『わが子に伝える「絶対語感」』という本を出すと、子どものことばの教育に関心をもつ人たちから注意をひくようになりました。

講演をするのが立派だとは思いませんが、わたしにとっては、気分転換になりました。声を発すれば、丹田《たんでん》を鍛えることにもなります。英文学だけの人生に比べたら、生活に彩りが生まれます。

かつて、わたしの日本語の仕事を批判していた同業者が言うのです。

「いやぁ、最近は、英文学というのは、どうもパッとしないねぇ」

資金づくりは三十代から

四十代で「もうひとつの仕事」の仕込みをすることを提案しましたが、できることなら、三十代から始めたほうがいい、もうひとつの仕込みがあります。第二の人生の、お金の算段です。

三十代にして、老後も安心できる財を成すなど、常識的にはできるはずがありません。しかし、その心構えをすることはできます。

わたしのことを書くのは気が引けますが、株式への投資を始めました。実直なサラリーマンであった父親には、もうひとつの顔があって、大の株好きだったのです。小さいころ、よく散歩のついでに本屋につきあわされたものですが、いまから思えば、それは父の情報収集のひとつで、経済雑誌を立ち読みしていたのではないかと思います。

門前の小僧で、わたしも三十二、三歳のころに株式投資を始めました。

最初に買った銘柄はいまでも覚えています。キリンビール、日本光学工業(現・ニコン)、旭硝子、東京製綱をそれぞれ二百株ずつ。当時の銀行預金十一万円をすべて引き出して買いました。

そのころは、日本経済がちょうど高度経済成長にさしかかった時期です。銀行の定期預金が年利六％くらい、郵便局の定額貯金が七・五％か八％だったと記憶しています。そういう預貯金に十年預ければ、だいたい倍くらいにはなります。しかし、株式なら、十年で、うまくいけば十倍、悪くても三倍くらいにはなる、そういう時代でした。

現にわたしが最初に買った銘柄も、増資があったり、株価も右肩上がりで上昇していきました。臨時収入があったときには買い増したり、他の銘柄にも手をひろげて、十年後にはわたしの株式資産はけっこうなものになっていました。

投資スタイルは、「買ったら長く持つ」です。いまでは考えにくいことですが、バブルのころまでは、どんな銘柄でも、じっと持っていれば、だいたいは上がっていったものです。

そしてもうひとつ、父親を反面教師にして守ったことがあります。信用取引には手を出さないこと。あれをやると、素人はだいたい失敗します。欲は身を滅ぼす、と言いますが、現物取引から信用取引に身を乗り出すのは、その欲が背中を押すからです。欲にかられて、わが身を見失ってしまうのです。


どうせ株式投資をするなら、若いうちからがいいと思うのは、年をとると欲が深くなるからです。欲が深くなると、判断も狂いがちになります。「もうはまだなり、まだはもうなり」。こういう相場の至言もはたらかなくなります。

ことに、五十代のなかば過ぎからが、要注意です。人生の後半戦が見える時期になると、失敗を取りもどせる余地が少なくなってきます。ならば、失敗しないように慎重を期すかというと、こと投資においてはそうでもないようです。欲望が強くなるせいか、ついふらっとなってしまいます。

株式投資とはやや違いますが、「投資金額が何倍にもなる」と甘言《かんげん》を弄《ろう》する業者がいます。あれにひっかかるのは、多くが小金持ちの年配者です。もちろん、悪いのは不正をはたらいてだますほうですが、甘い口車に乗って、「濡れ手に粟《あわ》」を考えるほうもよろしくありません。無知、無防備に加えて、欲があるからでしょう。

若いころの投資は、失敗も許されます。年齢的に挽回もできます。それゆえ、強欲さにはまらなくてもすみます。

わたしも、株式投資で失敗したことは何度もあります。買った株の会社が傾いたことも、二度や三度ではありません。あの会社がつぶれるはずがないと思っていても、経済は生き物です。人が動かすものは、会社の経営にしても、その会社に対する投資にしても、見誤ることがあります。投資の格言である「人の行く裏に道あり花の山」を地で行ったとしても、その裏道で迷ってしまうこともあるのです。

そういう経験を重ねると、投資というものに謙虚になります。損をしたときは、それを取りもどそうとするより、まずあきらめて、欲をいったん断ち切ろうとします。そして、買って長く持つという長期投資のスタイルが自然と身についてきます。わたしは最近、株を長く持っているせいで、長生きしているのではないかと思うほどです。

最初に株を買ったころは、株をやる人間は胡散《うさん》臭い目で見られていました。まして、教職にある人間が株に手を出すなどもってのほか、そんな空気が支配的な時代でした。

したがって、わたしの株式投資は秘中の秘。学生などに知れたら、いっぺんに広がってしまう。気心の知れた同僚にも、決して打ち明けることはありませんでした。

しかし、株を始めてしばらくすると、教員という人種がいかに世間知らずかを痛感するようになります。世の中の経済動向や流行などにも、からきし無頓着。新聞を読むとき、文化欄ばかり読んだりする。

これでは、浮世離れするのも当然、世間が狭くなるのも、むべなるかなです。

そんな思いをいだきながら、新聞の株式欄を読んでいたものです。

その株式投資が、自分の人生を下支えしていたと思ったのは、始めてから十年ほどのことです。前述した、東京教育大学の辞職を決意したときです。十数年ほどの在籍期間しかない身にとっては、退職金などたかが知れています。「組織人としての礼節」と格好をつけたものの、次の職場が決まらないうちは、不安がないわけではありませんでした。

しかし、株投資によるいくばくかの蓄えがありました。無謀とも思える辞職を背中から後押ししてくれたのが株式資産だったとも言えるのです。そのありがたさに思いを深くすることがのちにもう一度訪れますが、それはさらに二十年後の話。お茶の水女子大学を退職するときです。

預金、保険には頼らない

早くから株式投資になじんだせいか、銀行預金や郵便貯金のたぐいはいっさい頼りにしないことにしています。超低金利時代のいまは、だれもが金融機関への預貯金などアテにできないと思っていますが、わたしは半世紀前から、資産形成の手段としての預貯金には見切りをつけていました。

ひとつは、前述したように、株に比べて投資効率が悪いこと。そして、もうひとつ、これは価値観の問題と言っていいかもしれませんが、預貯金はリスクがありません。リスクがないから成功もない。成功がないから、おもしろくない、単純な理屈です。

一般的にサラリーマンが老後の頼りにするのは、退職金と年金です。

しかし、在職さえあやしくなるこのご時勢に、退職金などアテにするのはあまり賢いとは言えません。まして、退職金を前借りして家を建てようなどとは、ゆめゆめ考えないことです。運よく会社に残れたとしても、定年まで会社に縛られ、二毛作の可能性の芽を自ら摘んでしまうようなものです。

年金も、財政破綻がいわれて久しい。新しい政権が誕生したとしても、年金制度の新しいしくみができるのはいつのことになるのか、まったく見えてきません。もともと、年金制度が頼りになったのは、人が七十歳くらいで亡くなっていた時代です。八十歳、九十歳まで生きる時代になって、給付財源が枯渇《こかつ》しないわけはありません。

退職金も年金もあまり頼りにならないとして、子どもの世話になれるかといえば、核家族化で子どもの心は親から離れる一方です。いつまでも、子どもが子どもでいてくれるはずがないのです。

退職金や年金をもらう以前に、万が一のことが自分にあったら困るというので生命保険に入る人が少なくありませんが、わたしは生命保険がきらいです。

これまで家内にも何度かすすめられましたが、「あれはヨーロッパの金貸しの考えた悪知恵だ」と冗談を言って、首をたてに振りませんでした。

そもそも生命保険という商品になじめないのは、加入後、死ぬのが早ければ早いほど、有利にできているからです。支払った掛け金が少ないうちに死ねば、それだけもうかるわけです。

しかしです。人は、長く生きられるほどいいに決まっています。それなのに、有利に金を手にしたいなら早く死んだほうがいいというしくみをつくって、金を集める。いかにも、あざとい商法です。人間性を否定しているようにも思えます。

よく、生命保険は残される家族のためだと言いますが、当の本人は、そのお金の使い道を知るよしもないのです。これも、明らかにおもしろくありません。

あまりに非合理なので、勧誘にくる外務員に無理難題をふっかけたこともあります。わたしの家の近くに、ある大手生命保険会社の研修所ができて、年に二回ほどのペースで、実習生が訪ねてくるようになったのです。

われながら意地悪だと思いますが、その実習生に「次の問題に応えてくれたら五千万円の生命保険に入ってもいい」と言うのです。

一、保険の本家本元、イギリスでは十九世紀の間にどれくらい貨幣価値が下がったか。それに対して保険会社の利率はどうであったか。

二、保険契約書の契約者は、代表取締役であること。

いまはどうか知りませんが、当時は保険契約書の当事者は会社名義でした。しかし、それでは、何かトラブルがあって裁判を起こしたときに、加入者側が不利になることが多いのです。

一の質問は、相手はチンプンカンプン。二についても、のめるはずがないのはわかっていました。先方も偉いと思ったのは、そんな意地悪をされても、その後二、三年間は、半年に一度の研修ごとに新しい人が来ていたことです。

とにかく、非合理にできている生命保険には入らない。退職金も年金もアテにしない。預貯金というものも眼中にない。というわけで、話は戻ります。

老後の備えは、早くから自助努力ですべし。しかも、自己責任がともなう株式投資がリスクが大きいからよろしい。自己責任に対する意識が希薄なうちは、人生に対するリスクテイクの意識も芽生えません。

二毛作の人生には、少なからずリスクがつきまといます。といっても、自分の身代を賭けるようなリスクを背負えと言っているわけではありません。要は、気概です。二十年、三十年と続く長い第二の人生で、大過なく過ごすことだけを優先していたのでは、つまらないものになることは目に見えています。

株式投資にも、それなりの努力が必要です。自分の生き方に対する投資もまたしかりです。その投資の努力を惜しんでいては、それこそ、人生の浪費です。

五十代でのひと苦労

資産形成のための投資は、早ければ早いほど、あとでやきもきしなくてもすみます。

もし自分の「もうひとつの仕事」を見つけるために考えるなら、四十代です。そして、第二の人生の歩み方、つまりは二毛作の二回目の作つけを本格的に考えなくてはいけないのが五十代です。

一般企業の場合、五十代も後半に入ると、自分の定年を意識せざるをえません。役員になって六十歳を超えてなお働ける人は少数です。たいていの人は、定年を前に決断を迫られます。

給与の大幅ダウンも受け入れて、定年後の数年の雇用を継続してもらうか、あるいは再就職先を探すか。定年を機に、隠居生活に入ろうなどと考えているのは、よほどの高給取りだったか、親から受け継いだ資産などがある人です。

人生の二毛作を志すなら、隠居生活などは、たとえどんなに資産があるとしても、考慮の埒外《らちがい》です。経済的な問題があるにしても、同じ会社で定年後の再雇用を望むのも、よくよく考えたほうがいいでしょう。

問題は、どれだけ働きがいのある仕事ができるかということです。

給与の大幅ダウンを受け入れて、閑職で細々と働く、それではなんの張り合いもありません。継続した雇用期間も、早晩、終点が近づきます。そこで第二の人生の目標を考えていたのでは、いくら寿命が長くなったといっても遅すぎます。

同じ会社に無理して長くしがみつこうとするのは、賢い選択とは言えません。となると、目指すは再就職の道をさぐることですが、これもやはり仕事の中身が問題でしょう。できることなら、新たな気概をもって取り組める仕事を選びたいものです。それまで勤めていた会社に残るよりも、少しでも「新しい自分」を見出せる職場であることが理想です。

もっとよいのは、定年を迎えてからの再就職ではなく、五十代のなかばで「意思的な決断」をすることです。

先が見える五十代で、このまま会社に残ってもたかが知れていると第二の道を選択した人がいたとします。もう一方は、定年まで、あるいは定年後も雇用延長で会社に残っていた人。このふたりを比べると、六十歳以降の十年間、二十年間はあきらかに違ってくるでしょう。

もちろん、前者のほうが、活力に満ちた第二の人生になるはずです。

第二の人生を充実させようと思うなら、資産形成のトレーニングも、新たな仕事を見つける試行錯誤も早いほうがいいのはたしかです。

そして、決断してひと苦労するなら、それも早いほうがいいはずです。

三十代で、将来を見据えた資産形成の第一歩。四十代で、自分を生かせる「もうひとつの仕事」の発見。そして、五十代が「もうひと苦労」するための適当な時期というわけです。

苦労のない人生はありません。苦労せずして、充実した老後もありえません。

もちろん、これはあくまで理想です。五十代の転職が大きなリスクをともなうことはたしかです。しかし、転職しないまでも、定年後にすぐ二毛作の実行計画をスタートさせられるよう、五十代からそれに沿った準備行動をとったほうがいいのではないでしょうか。

「五十にして天命を知る」

この孔子のことばにしたがえば、五十代のテーマは、二回目の作つけの種を決めることです。天の命《めい》とも言うべき、後半生の自分の生き方を決することです。

サラリーマン人生は、あくまで全人生の前半です。その終盤にさしかかったところで、後半戦の戦略はすでに決まっていなければなりません。そういうひとりひとりの生き方をしやすくするために中高年の雇用を創出するのは、人を雇用する企業・組織、そして社会の大きな課題と言えます。

サラリーマン生活の成熟

サラリーマン社会になって、世代的にはまだ三代目です。「サラリーマン文化」ということばもありますが、歴史が浅いこともあって、まだ一人前扱いされません。たいていは、揶揄《やゆ》のニュアンスがこめられます。

当のサラリーマン自身も、川柳コンテストなどでは決まって自嘲《じちょう》気味な作品を投稿します。自ら道化を演じているのです。

自嘲や揶揄が横行するのも、本気でサラリーマン文化を考えてこなかった証だとも言えます。そろそろまじめに考えていいころです。

いまや、五人のうち四人はサラリーマンです。大多数を占めるその種族が、自身を卑下するようないびつな意識は、健全とは言えません。これでは、本物の文化など生まれるはずもありません。

サラリーマンの精神文化を少しでも成熟させていくには、まず形式をひたすら墨守《ぼくしゅ》するような、なれあいの風習をあらためなければなりません。

たとえば、送別会という習慣。ことに定年退職者の送別会には、欺瞞《ぎまん》の空気が漂っています。一見、送られる側の人間の労をねぎらっているかのようですが、出席者がみな、本心からそう思っているとはかぎりません。

やれやれ、これで、給料が高いわりには働かない人間がひとり去ってくれると思っている人もいるでしょう。忙しいさなかに、なんでこんな宴会に出なくちゃいけないのかと感じている若手もいるでしょう。定年を少し前にして退職勧奨にあった人の送別会では、胸をなでおろしている同年輩がいるかもしれません。

いずれにしても、現役優位の構図がそこにあるのです。会社にまだ貢献できる現役組と、もう用がなくなった退職者。現役組は退職者を哀れむ。優位にある送る側が、送られる側への惜別《せきべつ》の情を演じる場。それが退職者送別会です。

演じているのだから、送る側は多少気がひける。そのうしろめたさもあって、一献を傾ける場をもうけているのです。病人の見舞い、亡くなった人を見送る葬儀にも、これと似た心理があります。それを隠すため、見舞いの花を持参し、香典を捧げるのです。人間の醜《みにく》さのカムフラージュです。

送別会では、送られる側は少しもうれしくありません。酒もうまくない。いくら「ご苦労様でした」などと言ってビールを注がれても、社交辞令なのは百も承知。注ぐ側も、これも「最後のお役目」と思っているのです。

にもかかわらず、形式としての送別会は、サラリーマン社会では当たり前のように続けられています。

わたしも、何度か組織を辞めた経験があるので、送別会のひとつやふたつやってもらっているはずですが、なぜか、はっきりした記憶がありません。記憶がないということは、無意識的に記憶を抹殺しているのです。人間、おもしろくないこと、くだらないと思うことは記憶に残そうとしないものです。

もし送別会をやるなら、せめて、退職者にもう少しやさしくしたほうがいい。退職者の寂しさが薄れた一年後くらいに、「お元気ですか?」とさりげなく声をかけて一席もうける、それくらいがいいのではないでしょうか。

わたしは、大学を三度辞めています。三度目は定年二年前に辞めました。辞めたあとは半年くらい、寂寥《せきりょう》感のようなものが漂っていたのを覚えています。大学を辞めることに心残りはまったくありませんでしたが、ひまになったぶん、なんとなく手持ちぶさたになる。原稿書きなどやることはあっても、日々、行くところがなくなる戸惑いが当分抜けないのです。

その寂寥感や戸惑いが完全に消えていくのに、だれでも一年ほどかかるのではないかと思います。一年たてば、かつての同僚や後輩との「遅れた送別会」にも、はればれと出席することができます。

くり返しますが、退職時の宴会は、送る側も送られる側も、腹に灰汁《あく》のようなものが残っていて、互いに居心地の悪さを感じます。その灰汁を取り除いて、すっきりした思いで杯《さかずき》を酌み交わすのが、やさしい文化、礼節であるとも思います。

成熟した文化には、こまかい規範やルール、作法といったものがあります。一種の「型」と言ってもいいかもしれません。その一方で多様性も生まれます。多様性を受け入れる土壌もできているからです。

二毛作の人生を受け入れる風土も、そのひとつです。二足のわらじを履いたり、独立志向のある人間を異端視する風土は、まだまだ企業社会には残っています。しかし、成熟したサラリーマン文化が確立されるなら、それを異端ではなく「普通」と見る空気がなくてはいけません。心のゆとりです。

いつのまにか、産業界では、企業の社会的責任や社会貢献を対外的にアピールする文化が広まっていますが、それを言うなら、自分のところの従業員の第二の人生について、もう少しまじめに考えてもいいでしょう。

去るものは日々に疎《うと》し。そう決めこんで、中途退職者はもちろんのこと、定年まで勤めあげた社員に対しても、去る人間について親身になって考えない。退職金や企業年金の制度はあっても、それはあくまで社会的要請から生まれた制度であって、きわめて機械的なものです。人間味が欠けています。

文化は、人の心に宿るものですが、心のこもった退職金や年金などありません。それゆえに、形式としての退職金や年金制度は文化とは言えません。送別会もほぼ同じです。

多様な生き方のひとつとして「二毛作文化」を育むという観点からすれば、企業は社員の「二毛作教育」に本腰を入れてもいいのではないかと思います。社員の中には、定年後まだ三十年も人生が続くことについての自覚が乏しい人もいるはずです。そのような人間に対しては、定年の数年前から、退職後の準備教育をほどこすのです。四十年近くも会社に身を捧げてきた人間に対する、それこそ企業の責任というものでしょう。

産業界全体でそういうしくみをつくってもよい。

参加者の価値観や人生観の再構築も必要でしょうから、一週間くらいの合宿があってもいいかもしれません。五十代に入ったら、希望者を随時受け付けて、定期的に開催される合宿に参加させるのです。

合宿で坐禅を組むのもよし。俳句づくりにいそしむのもよし。とにかく、これまでの人生をふり返って、今後を考える学習をするのです。

これからの企業は、在職中の社員の生活だけでなく、定年退職者のその後の人生についても、精神的な支えとなるべきです。退職金や企業年金の制度維持に汲々《きゅうきゅう》とするくらいなら、発想を変えて、退職者のその後の人生も考えるサラリーマン文化の構築に目を向けるべきではないでしょうか。

それができたとき、サラリーマン文化は正統な文化になることができるはずです。

第2章
脳を生き生きとさせる

ウォーキングの楽しみ

年を重ねても、ボケずに、健康を維持したいと、だれしもが願います。そこで、なにか体にいいことをしようと考える。お金もかからず、時間と場所を選ばず気軽にできるという意味では、散歩にまさるものは少ないでしょう。

病は脚から。足腰を鍛えるためにはまず散歩、というわけです。ただ、「健康のために散歩」というのには、少しひっかかるところがあります。無心で歩くのがいい。歩きたいから歩くのが散歩です。健康のためとか、散歩に目的をもうけるのはどうもおもしろくありません。古代ギリシアで、アリストテレスら逍遥《しょうよう》学派といわれる哲学者たちが、歩きながら、自然や人間の本質について議論しました。中世になって下火になった「逍遥」は、十八世紀に入ってふたたび息を吹き返し、カントなど、心ある人が歩いて思索にふけるようになります。では、はたしてアリストテレスやカントは、議論し思索することを目的に歩いたのか。いや、そうではないでしょう。無心に歩いているときに、気がついたらたまたま思索していたのではないかと思うのです。

近年、散歩が、都市生活者のあいだで広まるようになったのは、医者が「散歩は健康にいいから」と効用を示したからです。健康志向の高まりとともに、散歩信仰者が増えたというわけです。

いまのわたしにとって、散歩はひとつの楽しみです。

歩いたって、だれがほめてくれるわけではないし、ただ歩くことそのものが楽しいから歩く。それだけです。健康を維持したいという目的がとくにあるわけではありません。

目的を持たずに歩くにしても、〝散歩〟ということば自体がもうひとつ、しっくりしません。明治の文豪、坪内逍遥の「逍遥」ということばにしても、わたしが日課とする「歩く」イメージからは、離れています。

ぶらりぶらりではなく、もう少し前向きです。かといって過度の目的意識があるわけでもない、そんな歩き方を言い表わすことばがないものか。そう思っていたところ、あつらえ向きのことばが最近使われ始めました。

「ウォーキング」ということばがそれですが、なんのことはない、英語をそのまま片仮名にしただけの話です。しかし、このウォーキングには、散歩や逍遥ということばにはないイメージがあります。

日本人の悪いくせで、ウォーキングという新しいことばを使い始めると、ことさらそこに意味を求めようとします。

「今日は五千歩、歩いたから、これでよし」

「目標の五千歩に、あと五百歩足りない」

せせこましい。何歩だってかまわない。万歩計をつけるのも野暮な気がします。わたしは、一日一万歩以上歩いていますが、機械に頼らなくても、歩数くらい数えることはできます。散歩をウォーキングということばに換えてみても、たいしたことはありません。無心で歩くのがいちばんです。歩いていて、草花などを見、折々の季節を感じるときもあります。歩くリズムに刺激されるのか、気がつくと空想にふけっていることもあります。ふとしたアイデアを思いつくこともあります。しかし、それは、あくまで余禄です。

無心で歩く習慣がつくと、歩かないとなんとなく落ち着かなくなります。生理的なリズムが、体にしみつくのでしょう。目的意識が先に立つと、この生理的なリズムが生まれにくい。一日五千歩ほど歩く程度でも、半年と続かない人がいるのは、そのせいではないでしょうか。ウォーキングを毎日の習慣として持続させるためには、自分のスタイル、「型」を持つことが大切です。型とは、怠け心が頭をもたげても崩れないスタイルです。わたしの場合は、自宅まわりを歩くのではなく、定期を買って遠方に行くことが自分の流儀です。平日だけでなく土日はもちろん、小雨程度ではやめる理由にはなりません。定期を買った以上、使わなくてはもったいない、という気持ちがはたらきます。だから、ひたすら歩くことになります。自分のケチな根性を生かすのが、自分でも愉快です。

一日に一度は外出

朝のウォーキングから帰ってくるのが、八時を少し過ぎたころです。それから、朝食のしたくにかかります。最近、体調を崩している家内のぶんと一緒につくります。

八時四十分ころには食事が終わって、後片づけをしてから、ひと寝入りします。また床につくので「また寝」と言っています。時間にして、長くて一時間くらい。

午前中、約束が入っているときは寝過ごしてはいけないので、一応、家内には声をかけてくれるよう頼みますが、予定した時刻の五分か十分前にはたいてい自然に目がさめます。

若いときは、予定時刻に自然に目覚めるのはむずかしいものですが、年をとってくると、体内時計も賢くなって、間違えることはなくなります。

第二の人生の心得のひとつは、生活のリズムです。生活のリズムができあると、就寝・起床時刻も安定します。また昼寝についても同じことが言えます。

十一時ころ、「また寝」から目覚めると、いつものように郵便が届きます。それを手早く処理して、自宅近くの図書館に向かいます。

図書館に行くのは、原稿を書くのが目的。いわば、書斎代わりです。原稿書きは自宅でもできますが、動くこと、場所を変えることに意義があるのです。書斎でぐずぐずしているのは、精神衛生上よろしくありません。

図書館には二時間ほどいて、午後一時にはいったん家に帰ります。家内とわたしの二人ぶんの昼食をつくって、食べ終わるのが午後二時ころ。午後に何かあれば、それから出かけますが、何もないときはふたたび図書館に戻ります。そこでまた、仕事ができます。

午後五時には帰宅して、いろいろ雑事をすませて、午後七時からは夕食のしたくです。近所に住む娘がつくってくれることも多いのですが、自分でするのがいやではありません。

八時には食べ始めて、八時半には後片づけ。午後九時には床につきます。夜のテレビを観ることはほとんどありません。

寝床には新聞を持っていきますが、だいたい十分くらいすると、自然に眠気をもよおします。わたしにとって新聞は、かっこうの睡眠薬です。

そして、朝四時半には体内時計の合図で目がさめます。そのあと、前述したように、いつもの日課が始まるのです。


これが、わたしの平均的な一日ということになりますが、日中、仕事の打ち合わせなどで出かけることもあれば、週に二回ほど夕方から私的な会合に出かけることもあります。起床時刻と就寝時刻、朝のウォーキングと図書館通い、これは生活のリズムとしてきっちり守ります。一見、代わり映えしない生活のようですが、実はこの生活パターンの中に、二毛作人生のおもしろみがあります。それについてはこれから少しずつ述べていきますが、とにもかくにも、長い老後を実りあるものにするためには、一日一日の生活を大切にすることと、つとめて外に出ること、この二つは鉄則だと思っています。外へ出ると、とくに身構えなくても、緊張します。それが生活のリズムをひきしめるのでしょう。

心のエコノミークラス症候群

家にじっとしているのは、体にも決していいことはありません。

エコノミークラス症候群という疾病《しっぺい》があります。正式には、急性肺血栓塞栓《はいけっせんそくせん》症といいます。飛行機の座席に長時間座っていると、脚の静脈の血流が悪くなり、血の固まりができてしまう。その血栓が、血管をつまらせ、悪くすると命まで落としてしまうこともあります。家にいて、部屋でずっと同じ姿勢で仕事などをしていると、脚も頭も、血流が悪くなってきます。頭の中で血のめぐりが悪くなります。外を出歩く習慣があれば、そんな心配は無用です。また、現役をリタイアした人間が家にくすぶっていると、精神衛生上もよろしくありません。

夫婦の会話なども年とともに少なくなり、口をひらくと「あれ、どうした?」

「どこかにあるでしょ」などと、ことばがすれ違う。夫はストレスをため、妻にはわずらわしい思いが残って、互いの心に血栓のようなものができてしまいます。

老年夫婦が家庭で引き起こす「心のエコノミークラス症候群」というべきものです。お互い気がつきにくいのです。

どうして、引退後の夫は、家にこもりがちになるのでしょう。

することがないから、友人もいないからという単純な話でもなさそうです。これまで身にしみついてきた家族観が背景にあるような気もします。

一般に、「家庭・家族は大切にせよ」と言われます。帰ってほっとするのはわが家であり、いざというとき頼りになるのもやはり家族。その絆こそが、生きていく支えにもなるというわけです。ただ、家庭内の家族構成に動きが生じると、家庭の持つ意味合いも違ってきます。

親子が同居しているうちは、親は子を世話するため、子は親に頼るために、家庭は社会的・経済的な生活基盤になります。しかし、子が独立し、夫婦だけの生活になると、家庭の持つ機能は薄れてしまいます。そのとき家庭がお互いにどれだけ精神のよりどころになるのか、考えてみる必要があります。

ことに、夫が現役を退いて、活動拠点が会社から家庭に移った場合、家庭は夫にとって、はたして生きがいを創出する場になるのか。この問いに、すぐ首をたてにふれる人は、どれだけいるでしょうか。

引退後は毎日が日曜日と決めこんで、ひがな一日家でゴロゴロ。こんなことをしていれば、たちまちおかしくなります。

かつて社会的な安全装置として家庭が機能していたのも、夫が給料を稼いできたからです。その経済的な源泉がなくなれば、家庭はおもしろくない。

外に出るということは、心を外に開くということでもあります。心に張りができます。たとえ、ひとりの散歩であっても、そこに外界との接点があります。外界との接点を持つことで、「心のしこり」が溶けます。身も軽く、清々しい気分にもなる。そもそも、二毛作人生を志そうとするときに、家族をよすがにするそれまでの生き方、スタイルは脱ぎ捨てたほうが賢明です。

年をとってくれば、妻は夫をわずらわしいと思うかもしれません。新しいことが少なくて退屈です。そういうものだと思っていれば、自然に外に心が向くようになります。

第二の人生の生きがいは、家族中心というより、むしろ自分の生き方と考えたほうが、楽しく、愉快なものになります。もちろん、家庭や家族を大事にしたいという思いは、それはそれなりに貴重なものです。ただ、その家族愛と二毛作人生とは別ものだと考えたほうがいいのです。

男子、厨房に入るべし

うちでは夕食のしたくは娘がしてくれることも多いと書きましたが、自分でしたほうがいいと思うことが多いのです。

朝はたいてい手製のサンドイッチ。昼は、うどんやチャーハン、カレーなどが定番。夕食は、そのときどきの旬の食材を使い、鍋ものが中心です。

わたしがやると、朝食、昼食のしたくは、十五分程度ですんでしまいます。どんなに長くかかっても、三十分。夕食にしても、得意のちらし寿司は一時間くらいしかかからない。

冷蔵庫を開けてことは始まります。たとえば、うどんをつくるなら、まず必要なものを全部出してそろえる。調味料も出しておく。

鍋に適当な量の水を入れて、時間のかかる根菜類を煮る。鍋が煮立ったら、次にかまぼこ。鍋ものをやるときは、具が多くても入れる順番を決めておくことが肝心です。その後にうどん玉を入れる。近頃は、すでにゆでてあるものを売っているので、ふっとうした鍋に入れて、一分か二分ほどゆでれば、それで充分です。うどんを入れたらすぐに醬油で味付けをする。最後に卵を流しこんで一丁あがり。調味料の分量なんて、いい加減です。いい加減ですが、やっているうちに目分量で「良い加減」がわかってきますから妙です。

醬油の大きなボトルから直接どぼどぼ入れるのを見て、娘がそばで悲鳴をあげたことがありましたが、なんのことはない、良い加減で仕上がります。大さじ何杯などと量るなんてバカらしい。最初、二、三回失敗すれば、あとは目分量が正しくなります。

うどんなら、十分程度でできあがります。その間、冷蔵庫を開けたときから、わたしの動く範囲は、ほとんど一定の円のなか。足の位置はほぼそのままで、あとは体の向きを変えて、必要なものを取る程度です。

男子、厨房に入るべし。そして、調理は段取りを旨とすべし、です。

こういう段取りの原点は、旧制中学時代にあるのかもしれません。

母親が早くに亡くなり、継母ともそりが合わないこともあって、父はわたしに、中学は寄宿舎生活を送らせることにしました。十二歳から十七歳まで過ごしたその寄宿舎生活が、わたしの人間形成にも大きな影響を与えました。

料理のおもしろさも、寄宿舎生活で覚えました。

なにせ、食べ盛りの年齢なので猛烈に腹がへる。でも、規則が厳しくて、外での買い食いは禁止です。規則は破るためにあるとしても、現実問題、こづかいもそんなにあるわけではありません。

どうするか。

夜、舎監が寝るのをみはからって、調理場へ行って、といである米をくすねるのです。寄宿舎には七十～八十人の生徒がいましたから、少々拝借しても大《たい》勢《せい》に影響はありません。

生徒の部屋には鉄瓶があって、失敬してきた米をそれに入れて、炭火で炊く。鉄瓶で炊いたご飯がすこぶるおいしいのです。

おかずは、これまた、近所の畑から失敬するのです。大根やら白菜やら、食材にはこと欠きません。

その匂いを消すために、鉛筆の削りかすを燃やしたりもしました。

複数の部屋を使ったこの調理作戦は、チームプレーとともに、とにかく段取りが勝負でした。いかに短時間で手際よく進めるか真剣に考えます。ぐずぐずしていては〝危ない〟のです。

手早くつくったからといって、決してまずいわけではありません。あのご飯の味わいは、七十年たったいまも、舌に残っているようです。

料理は思考、調理はエクササイズ

八十歳を超えて、料理はますますおもしろくなってきました。

先に書いたようにわたしの得意料理のひとつは、ちらし寿司です。家族や知人にはすこぶる好評で、自分でもひそかに天下一品ではないかと思っています。ちらしの具は、シイタケやタケノコ、キヌサヤなど定番もののほか、季節のものを添えます。そこに、福井県の小浜の名産、小鯛の笹漬けを添えることもあります。これは近所のスーパーでは売っていないので、日本橋の髙島屋に行って買います。ちらし寿司をつくるときも、段取りが命であることは変わりません。七、八種類の具材も、鍋を使うもの、使わないものを仕分けて、調理の順番を決めます。必要なのが手順の思考です。あの具は、この具と合わない。あれと、これはおもしろい調和になる。そんなふうに、ひとつひとつ積み重ねていって、最終的な仕上がりをイメージします。そのときは、脳がいやでもはたらきます。

いまでこそ仕上がりのイメージを頭に描くことができますが、はじめは試行錯誤でした。この試行錯誤しながら最適な答えにたどりつく過程にも、思考ははたらいていています。考えない調理は、ただばたらきでつまらない。料理の「料」という文字は、考えるという意味です。「理」のほうには、ものごとの道理や道筋という意味があります。つまり、考えを整えること、英語で言えばロジカル・シンキングということになります。中国でも、料理は道理にしたがってつくるものとされてきました。たくさんの種類のある中華料理は、それぞれが理にかなってできたものです。素人であっても、料理をすることが、頭脳をはたらかせる仕事であるのは変わりません。

料理の効用はもうひとつあります。

料理はなかなかいいスポーツです。ウォーキングにしてもそうですが、われわれ人間の運動は、足を使うのが中心です。しかし、起源をたどれば、かつては四本足で歩いたり走っていたはずです。そのころに比べれば、直立歩行をする人間は、手の運動がおろそかになり、手持ちぶさたになっています。そのおろそかになった手の運動として、料理は、毎日キッチンで繰り広げられる格好のエクササイズだと思います。

一般的に男性より運動量が少ないと見られる女性が、男性以上の健康体を維持できるのはなぜかという点に関心をもった医学者がいるそうです。ひとつの推測として、料理など家事をすることの多い女性は、そのぶん男性以上に手を動かし、頭も使っているからだそうです。

わたしがおもしろいと思ったのは、二〇〇六年に厚生労働省が提唱した「健康づくりのための運動指針」です。通称「エクササイズガイド」とも言われるものですが、生活習慣病予防のために必要なさまざまな運動を「エクササイズ」という単位で示したものです。

たとえば、ふつうに二十分間歩くと1エクササイズ。水泳なら七〜八分間泳ぐと、1エクササイズになるという具合です。

このエクササイズの対象として、実は掃除など日常生活の中の活動も含まれています。個別に運動量の基準値が示されていて、それらを合計して一週間に必要な運動量（23エクササイズ）が確保されていればよいというのです。

保健体育や運動機能の専門家がつくった指標ですが、役所の提案としては、まれにみるヒットだと言えます。

男の料理も、いやいやすることではなくエクササイズとして見直すべきであるかもしれません。ウォーキングという足のエクササイズから始まって、朝、昼、晩と三回の料理による手のエクササイズ。できた料理をよく噛んで食べるエクササイズを加えれば、これは脳の刺激にもなるでしょう。いわば、口のエクササイズです。年をとった男が料理をしているというと、「たいへんでしょう」などと言われることがありますが、同情はご無用。こちらは、エクササイズを楽しんでいるのです。

老いて学べば、死しても朽ちず

自分の本業の勉強に懐疑的だったせいかもしれません。わたしは、習い事や趣味に、いろいろ手を出しました。

そのひとつ、四十歳を前にして出版社の編集から手を引いたときに、時間をもてあまして、焼きものに入れこんだことがあります。

当時、教えていた東京教育大学に窯芸《ようげい》の講座があって、ロクロ場がありました。そこへ朝から晩まで入り浸ってロクロをまわしていました。だんだんのめりこんで、自分の家にも窯《かま》を持ちたいと思うようになったほどです。

業者に聞いてみると、電気窯を設置するには専用の動力線が必要で、基礎工事にかなり費用がかかるとのこと。電気窯本体もさることながら、その動力線の維持費がバカになりません。年に一、二回しか焼かないのに、たいへんな費用がかかるというので、断念しました。

それがきっかけで、焼きものへの関心も急に薄れてしまいました。そのころ一緒に焼きものをやっていた若い学生の友人が、のちに展覧会を開いて、ひとつ何万円もの値をつけた作品を展示しているのを見て、複雑な思いになったこともあります。

焼きもののあとには、テニスも習いました。うまくなりたいと思って始めたわけではありませんが、いっこうに上達せず、本格的なおもしろさを味わえないまま、いつのまにかやめてしまいました。

次は、ゴルフ。これも、最初は夢中になりました。テニスと同様、いっこうに上達しませんでしたが、テニスと違って、ボールが止まっているのに妙にむずかしい。ひとときその奥深さにひかれました。

急にのぼせ上がったことは、どうも冷めるのも早いようです。コースに出てみると、一緒にまわる連中とのリズムがピッタリしない。紳士のスポーツと言われながら、人間のいやらしさも出る。ゴルフをやる連中は好きになれませんでした。

そもそも日本人は、ゴルフ自体を楽しんでいるのではなくて、ゴルフをしている自分を楽しんでいるのだと考えたりしました。一種のステイタスシンボルなのです。

そう思ったところで、興味も急速にしぼんで、これまたあっさり手を引いてしまいました。

囲碁にも首をつっこみました。八段のプロの先生につきました。もったいない先生です。最初は定石《じょうせき》ひとつ覚えるのでも、わくわくするほど楽しかった。

ところが、碁でも、手合わせの相手との相性につまずいてしまったのです。碁会所に行くと、毎回、知らない相手と打つことになります。なかには、とても攻撃的でいやらしい碁を打つ人もいる。欲の深い碁を打つのです。わたしの対戦相手がたまたまそういう人が多かったのかもしれませんが、いくら頭を使う勝負とはいえ、後味がよくない。碁からも退散しました。

こういうふうにふり返ってみると、なんと気まぐれで、なんと根気のないことかと思われるかもしれませんが、わたしにとってはいずれも楽しい習い事でした。碁などは、老後の脳の活性化にはうってつけだと実感しました。その碁も二、三年でやめてしまったのですが、こんなにも移り気な自分を、悔いているわけではありません。

江戸時代の儒学者、幕府の儒官もつとめた佐藤一斎が、『言志四録』という随想録でこんなことばを残しています。

少《わか》くして学べば、則《すなわ》ち壮にして為すことあり
壮にして学べば、則ち老いて衰えず
老いて学べば、則ち死して朽ちず

かつて、小泉純一郎元首相が、国会で引用して広く知られるところとなりましたが、この「老いて学べば、則ち死して朽ちず」の心意気がいいではありま

せんか。大学を退職してから始めたゴルフや囲碁などは、まさに老いて学んだことですが、下手は下手なりに、朽ちはしない貴重な経験をしたと思っていま す。むしろ、下手なればこそ、強い緊張感につつまれて、全力投球したようにも思います。飽きたらそれまで。新しいことに、次から次に挑戦することは、決して悪いことではない、と自分に言い訳をしています。

ひと味違うことをする

六十の手習いで、新たな趣味や運動に挑戦することは、たとえ長続きしなくても、若返りの効果はあります。ただ、どうせやるなら、できるだけ人のやらないことをやるのがおもしろい。わたしにとっては、私的な会合に出ることが、人とはちょっと違う「若返りの妙薬」というべきものになっています。いくつもあるのですが、まず、七、八年前につくった「重ね会」。

一月一日は別にして、二月以降の月と日の数字が重なる日に集まることにしているので「重ね会」というのですが、八人の株式投資好きが集う会合です。

ひとりで株をやっているだけではつまらないので、投資のしかたについて、自分の好き勝手なことを言って楽しめる会をつくれないかと、ある会社の社長に相談してみたら、バラエティに富む顔ぶれが集まりました。

元銀行員に不動産屋、かつての教員、小間物屋の店主に、医師夫人もいる。それぞれが、そんなに株にくわしいわけではないのですが、それなりの山っ気はある。

長年の投資キャリアのあるわたしが、最近仕入れた情報もふまえて、今後の投資戦略を話すのです。

三十〜四十分まくしたてることもあるのですが、これが実に痛快。義務感や責任感を背負ってやっていた大学の講義などでは、一度も味わったことのない快感を毎回味わっています。

もうひとつは、「グリーンクラブ」という会合です。これは五年目になります。人数は六人とこぢんまりしていますが、メンバーの職業はやはりさまざまです。わたしのような仕事をしているのがほかにいないので新鮮です。

会の趣旨は、雑談をすること。「重ね会」と同じように、いわば放談会なのですが、こちらはテーマを絞りません。バイキング料理を食べながら、そのときどきのおもしろい話題を、メンバーそれぞれが提供することになっています。

いくつかのルールがあって、具体的な固有名詞は出さない。しゃべるときは、できるだけ過去形は使わない。これは、何かがあったと、体験や出来事を話してもつまらないからです。自分なりの見解や見方、将来の予想などを話す。つまり、動詞は現在形か未来形を主として使うというわけです。

くわしい話は次章にゆずりますが、せっかく職業も経歴も違う人が集まっているのだから、とにかく、他のメンバーが知っていそうもないことを話す。独断と偏見も大いにけっこう。ひとたび、だれかが口火をきるや、談論風発。互いに言いたい放題です。

この放談会、雑談会の淵源《えんげん》は、わたしの修業時代にあります。

気心の知れた学友が二人いて、それぞれ国文学と中国文学を専攻していました。わたしは英文学ですから、三人三様で専門分野が違う。この三人で、夜のふけるのも忘れるほどよくしゃべりあったのです。それが、とびきりおもしろかった。

同じ分野の人間同士だと、どうしても互いに競ったり、気兼ねや遠慮が出がちです。ことに、勉強している人間だと、その傾向が強い。やはりおもしろいのは放談会、雑談です。創造力にあふれたおしゃべりは、頭を活性化させます。

放談・雑談のできる新たな輪をつくれば、後半生を豊かにすることができます。

第3章 つきあいの作法

賞味期限切れの友情

中国・戦国時代の思想家、荘子は「君子の交わりは淡きこと水の如し」という名言を残しました。

しかし、一般にはこの淡い交わりというのが、なかなかむずかしい。人はとかく「肝胆《かんたん》相照らす仲」に心情的にひかれていきます。ことに、競争意識と仲間意識が交錯する組織社会では、気の許しあえる仲間、腹蔵《ふくぞう》なく話しあえる友を求めたがります。

ただ、仮に濃い関係を結ぶことができたとしても、それは決して永続するものではありません。続くのはあくまで組織にいるあいだで、ひとたび組織から外れれば、つながりも途絶してしまいます。

ならば、かつての学友と旧交を温めて……と考えても、長い間疎遠が続いていたのですから、肝胆相照らす仲など望むべくもありません。

わたしもかつて、大学にいたことがありますが、人間関係は企業よりもっと殺伐としたものでした。専門分野が違えばしかたないかもしれませんが、同じ分野同士なのに少しも仲よくならない、かくれた競争意識があります。話をしていても、警戒して心を出さないのです。口をひらいても、仕事とはまったく関係のない話になってしまいます。

「最近、大根がずいぶん安いらしいね」

「長ネギやじゃがいもも安いでしょ」

こんなくだらないことを話しているのでは、百年たっても友情なんか生まれません。

特殊な職場と言ってしまえばそれまでですが、民間企業のサラリーマンであっても、あまり変わらないのではないかと思うのです。

たとえ「同じ釜の飯を食った仲」だと言っても、それは徒党を組むための利害で結びついた関係だったりします。かつての仲間意識もやがて競争で薄れ、定年でとどめをさされます。

職場の人間関係など、だいたい世知辛いものなのです。一生続く友情などというのも、ことばの上の願望と言わざるをえません。わたしにも、旧制中学時代からの親友が二、三人いましたが、そういう友と旧交を温めるのもせいぜい中年くらいまで。以後は少しずつ疎遠です。

かつて高齢者の集まる講演に呼ばれたことがあり、わたしはこんなことを言いました。

「若いときの友人関係は、もう賞味期間が切れています。賞味期間の切れたものは、捨てて、買い換えないといけないのです」

捨てるというのは少々乱暴な言い方ですが、現実に目をさましてもらうために、こういう言い方をしたのです。要は、かつての関係に執着しないということです。

買い換えるというのは、新しい友だちをつくることです。前述した私的な会合のメンバーは、わたしにとってまさにそういう新たな友です。

しかも、縁もゆかりもない、職業も経歴も考え方も違う。そういう人とのおしゃべりが実に楽しいのです。なぜかわからぬながら、新たな発見でした。

新たな友をつくるなら、やはり同業者は避けたほうが賢明です。年代もバラエティに富んでいたほうが楽しい。自分が年をとればとるほど、つきあうのは年下が多くなりますが、若い人の話は新鮮で、自分もつられて若返ります。

第二の人生は長いのです。六十歳を過ぎてからでも、七十歳を過ぎてからでも、新しい生き方を始めるのに遅くはありません。

淡い交わり、大きな収穫

「こんなことをしたいんだが、おもしろい人はいませんか」

顔の広そうな知人にこう声をかけて始まったのが、先にふれた私的会合です。会場はたいてい、ホテルのレストランの小さな個室。参加費はひとり五千円程度。

そこで、どんな話をするかと言えば、テーマはなんでもいいのか、たとえばこんな具合です。

「むかしはなかった振り込め詐欺。これだけ世間で騒がれていながら、被害者が一向に減らないのはなぜだろう。どうしてあんなにやられてしまうのか」

こう言って、その日の話題を出す人が口火を切ります。ひとくさり自説が開陳されたところで、ほかのメンバーが口をさしはさみます。

「やっぱり、知識や知恵の格差があるからでしょう。一方には、世事に疎い高齢者、片方に、そういう人間の心理や社会のシステムにくわしい若者がいる。その格差が、振り込め詐欺の背景にあるんじゃないの」

他のメンバーがこれに触発されます。

「やるのはかなりの知能犯ですよ。顔の見えない相手の心理をうまく操っているのです。あれじゃ、年寄りでなくてもやられますよ」

もともと、社会正義を論じるのが目的ではありません。だから、それぞれが関心のおもむくままに勝手なことを話します。

「買いたい動機を持っている人にモノを売るのは、マーケティング手法としてはもう古いわけでしょう。振り込め詐欺みたいに、本人はその気がないのに、いつのまにかその気にさせてしまう商売（？）は新しい犯罪です」

こんな話が出てくると、参加者の興味もそっちに向かっていきます。そこでまた、議論百出、言いたい放題。そして、いつのまにかこんな話になります。

「仮に原価が百円で、それを十万円で売ったとしても、買う側が商品価値に満足していれば正当なる商売で、買う側も詐欺だとは思わない。でも、いまは高い宣伝費を使って値引きをひたすらアピールする商売が多いでしょう。あれは結局、買う側に価値を正当に評価されてないからで、もともと値引き後の価値しかない商品なんですよ。にもかかわらず、値引きにつられて買ってしまうのは、これも知識の格差と言うべきじゃないのか」

結論はあってないようなものです。だれも、話をまとめようなどとは思いません。それが、おしゃべりです。言った者勝ちですから、「今日は調子にのってしまって」と照れ笑いはするものの、本人はけっこうご満悦です。中には、「こんなこと、これまで考えもしなかった」という人もいます。

わたし自身、なるほどと思うことを耳にすることもあります。

以前から、記憶と忘却の関係に関心を持っていたのですが、わたしたちは、記憶をするときはたいてい目で覚えます。その目の記憶に対して、耳の記憶のことはあまり意識しません。

いつもの会合で、メンバーのブティック店主がこんなことを披露したのです。

「うちにもたまに、代金引き換えで返品したいと言って、お金をだましとろうとするのが来ることがあるんです。そういうときは、『あなたの声に聞き覚えがない』と言うと、先方はびっくりするのでしょう。退散します」

なるほどと思いました。ふだん、自分の声の記憶など考えたこともないものだから、あわててしまう。それが人間心理なのです。振り込め詐欺でも、身内の声も聞き分けられずにひっかかってしまうのは、この耳の記憶と大いに関係がありそうです。

こんな話を聞けることも、雑談・放談会の楽しいところです。

そして大笑いもして、二時間たつとお開きとなります。二次会はなし。基本は、「淡交」です。

雑談の効用

雑談・放談が体調維持に効果があることを実感しています。

たとえば、風邪をひきかけたときに、会に行って帰ってくると、すっきり治っていることが何度かありました。

血圧についてもそうです。出かける直前、どうも気分がよくない。血圧をはかると百五十を超えている。少し心配しながら会に出て、帰ってきてから、またはかってみると、百四十まで下がっていたりします。うちのものもびっくりです。

血圧というのは、精神的な緊張感やストレスですぐ上がることがあります。病院で白衣の医者や看護師を見ると、血圧が急に上がったという人もいるくらいです。

わが家にそのストレスの原因があると言えば家内は怒るでしょうが、いずれにしろ、思いきりしゃべることのできるところではその血圧を下げる、何かがあるようです。

ひとつは、気分がすーっとする爽快感。やはり、知らず知らずのうちにたまっていたストレスが発散できるせいだと思います。家にいてたまるストレスだけでなく、日常の仕事や雑事がストレスになっているのでしょう。気づかずにいますが。

そのストレスがなくなるから、爽快感があるのだと思います。話す内容に関係なく、とにかくしゃべっていると、気分さわやかになります。

集うメンバーによるところも大きいかもしれません。

聞き上手、ほめ上手の人たちだからです。多少無責任な話にもうなずき、屁理屈にも耳を傾ける。むずかしい話もわかったような顔をして聞いてくれる。そういう仲間が最高です。

この聞き手の善意が話し手を高揚《こうよう》させるのです。いい気分になれば、話し手はますます口が軽くなる。それで、体中に、元気の「気」がわいてくるのでしょう。

議論に触発されて、頭脳が刺激される効果も見逃せません。

振り込め詐欺の話をしているうちに、ビジネスの話になりました。ビジネスの話に刺激されたと思ったら、いつのまにか選挙の話になる。めまぐるしく話題が転々と変わるのは、それだけ、脳細胞が刺激を受けている証拠です。

一見、漫然と話し、聞いているほうもリラックスして聞いているように見えますが、頭と体の中では、そうとうな生理的変化が起きているように思われます。

雑談・放談は、人生最大の楽しみであり、人間が発見した最高の元気の素ではないでしょうか。若返りの秘薬と言ってもいいかもしれません。

「主」の歓び

新しい友との語らいの場で「お山の大将」になることの楽しさが見えてきます。

「お山の大将」とは少々ニュアンスは違いますが、「随所に主となれ」ということばがあります。臨済宗の祖である臨済義玄《ぎげん》禅師が使ったことばだと言われます。

はじめて聞いたのは旧制中学時代だったと思いますが、もちろん最初はよくわかりませんでした。

いろんな場所で自分が主人になるなんてありえないではないか。まわりが立ててくれてはじめて主になれる、自分で主人になることができるのか。よくわかりません。

しばらくして、だれかに聞いたのか、このことばは「どのようなところにいても、どんな立場であっても、自分を見失わず主体性を持って生きろ」と言っているのだと知りました。しかし、それでもまだしっくりきません。

「主」ということばは、はたして「主体性」という観念的な意味として理解していいのか。主は「あるじ」とも読む以上、イメージは具体的で、どちらかといえば「大将」ということばに近い……。こんなふうに考えると、ますますもやもやします。

すっきりしないことは、自然に記憶からも薄れるものです。

それから二十数年後。中年の域に達していたころですが、このことばの意味がわかったような気がしました。

このことばの言う「主」は、英語の「ホースト（host）」だと理解すればいいのではないかと思ったのです。ホーストとは、お客を招いたときの主人を意味する、そのホーストです。主がこのホーストであるなら、人を招いておもてなしをすれば随所で主になれるではないか、と思いついたのです。

試しにやってみると、これが、当たりました。

ご馳走するからと言って誘えば、たいがいの人は承知します。恐縮はしても、不機嫌になる人はまずいません。

招待した席では、お客は最初、かなりかしこまっています。しかし、食事が進むにつれ、気分もだんだんほぐれます。

何度かやってみてわかったことですが、食事をしながら談笑していると、その人のいちばんよいところが出てくるようです。人間には正の側面もあれば、負の側面もある。そのよいほうが表われるのでしょう。

人は一緒に食事をするときは警戒心をときます。日本の企業で多くおこなわれている接待は、会食のたのしさを利用したものでしょう。

へたな警戒心がなければ、素顔が出る。ご馳走する側への気づかいもあり、その素顔もいいところが出ます。

そうして、観念的だと思っていた「主体」ということばの意味も、具体的なホーストというものになります。

こうして、だれかれとなく招いてもてなすようになりました。かつての教え子たちや、昔の同僚、ときには家族も接待します。

招かれたほうは、それなりにお世辞のひとつやふたつ言います。かつての学生から「先生はお若い」などと言われれば、お世辞とわかっていても、まんざらでもありません。

もちろん豪華な宴をもうけるわけではありません。文字どおりの粗餐《そさん》、ささやかなものではあるのですが、会食の主（ホースト）になることが、これほど心楽しいものであるとは思いませんでした。

義理を欠く

大学で教えていたころ、かつての学生が結婚するので、式へ出てくれと頼まれることが、ときどきありました。

おめでたい話ですが、教え子の結婚式の出席は断るようにしていました。ひとりの式に顔を立てれば、ほかのものにも断わりにくくなります。エコヒイキになります。いっそすべてを欠席にすれば公平です。

それにひきかえこちらが人を饗応するのはこちらの自由です。いかにも気楽で楽しいのです。

冠婚葬祭では、葬儀への列席も悩ましいものがあります。ことに冬場の葬儀。亡くなった方への弔意は捧げたいとは思いますが、寒気のなかで焼香の長い列に並ぶのは身にこたえます。

岸信介元首相は「転ぶな、風邪ひくな、義理を欠け」という養生訓を残しましたが、この「義理を欠け」は、浮世の人間関係を考えるうえで傾聴に値します。

心得として、転ばないこと、風邪をひかないことは肝に銘じていても、義理を欠くというのは、なかなか思い通りにはいきません。どうしても、しがらみに縛られることになります。

しかし、年をとったら、ときに浮世のしがらみを振り切る勇気がいります。

しがらみといえば、その最たるものが夫婦関係とも言えます。たまさかのご縁で結ばれ、苦楽をともにしながら歩んでくるのですが、少しずつ、互いを縛りあう関係になってしまうことがあります。

その苦痛が爆発するのが、熟年離婚です。近年は、ある日突然、妻から三下り半をつきつけられ、夫がうろたえるケースもあると聞きます。

むかしは、世間体もあるし、妻も我慢に我慢を重ねて、思いとどまることもありました。しかし、別れたあとの生活のめどさえつけば、飽き飽きした相手との家庭生活を捨てることには大した決意はいりません。最近は、専業主婦でも夫の年金の半分を要求できる時代です。

この妻の反乱は、女性の二毛作人生への新しい方法のようにも考えられます。もともと、人間が特定の相手と何十年も一緒に生きていくなどというのは、かなり無理であると思われます。超高齢社会では、へたをすれば、六十年も七十年も生活をともにしなければなりません。女性としても、「ほかにも生き方がある」と考えてもおかしくないかもしれません。

炊事も洗濯も、家事はすべて女房まかせ。こむずかしい話もすべてうっちゃって、自分がどんな生命保険に入っているのかも知らない男もいます。

男はせっせとはたらいて、かせぐのが男子の本懐と信じて疑わない。しかし、これが、はなはだしい勘違いかもしれません。

妻に頼りきりでは二毛作人生は、難しいかもしれません。

男子たるもの、熟年離婚、おそるるに足らずというくらいの気概はほしいところです。万が一、そのときがきても、うろたえないだけの覚悟を持つべきでしょう。妻の二毛作人生のためというより、自分自身の二毛作人生への扉を開くことになるかもしれないのです。

覚悟だけでなく、鍛錬《たんれん》もしておくべきでしょう。健康管理、金銭管理は言うにおよばず、炊事、洗濯、掃除も自分でできなくてはいけません。中年以上の男性には機器の操作も満足にできない人がけっこういます。

やろうと思えばいつでもできると思っているかもしれませんが、うぬぼれであることが多い。自分のことは自分でする力をつける必要があります。

第4章
知的生活の知恵

自分で考える

「知的生活」などと言います。なにをもってして知的というのか、そしてその知的なものが、後半の人生を充実させるためにはどうあるべきか。よく考えてみなければなりません。

結論を言ってしまえば、それは「知識」の積み重ねではありません。自分の頭で「考える」ことこそ、人生を変える力です。二毛作人生をしっかりしたものにすることができます。

知識の習得ではなく、考える力をつけることが大切です。これまでもってきた認識と意識を根本から考えなおす必要があります。

これまで日本でおこなわれてきた教育は、知識の習得を最優先するものでした。知識を頭に入れるだけです。それは、本来の学問とは言えないものです。学問とは、進歩するものです。たんなる知識をいくら積み上げても、進歩はありません。

過去五十年くらいをふり返れば、知識の集積ではコンピューターのほうが人間よりうまいことがはっきりしてきました。知識が多いだけでは、人間は機械にかなわないのです。

それにもかかわらず、知識を増やすことをもって人間の進歩があるように考えるのは、まことにおかしな話です。

むしろ、知識が増えれば増えるほど、それに反比例するように、思考力が低下することに、はっきり気づくべきです。

思考能力が問われる学術の世界でさえ例外ではありません。

たとえば、自然科学分野の研究者なども、知識などが不充分な若いころは、自分の頭で考えて、驚くべき成果をあげることがあります。

ところが、早い人では三十代後半にもなると、考える力が衰え始めます。知識は増えるのですが、それが新しいものが生まれるのを邪魔するのです。多くの人は五十代にもなると、かつてあった独創性も枯れてなくなっていることが往々にしてあるのです。

わたしの経験から言えば、知識偏重の教育のなかで学んできた秀才タイプの人は、テストの成績を絶対的に信じています。知識の足りないのや少ないのは無知だと決めていますが、それはたいへんな間違いです。人間の力は知識の量によって決まるのではありません。

テストの点が七十点の学生は、その足りない分、自分なりに頭で考えていこうとしているのです。対して、九十点をよしとする人のほうは、自分の知識で勝負します。だから、独自の思考力が求められるときになると、途方にくれるのです。

いま、学校で育てているのは、この「九十点人間」です。

学校で受けた知識教育は、生きる上で必要なことがらとは質を異にします。ことに商売などの世界では、それがはっきりします。

世界に知られた企業をつくりあげた松下幸之助にしても本田宗一郎にしても、高等教育を受けていませんでした。

彼らは、学校で授かった知識は少なくても、自分で考える頭がありました。現場で試行錯誤をくり返しながら考え、独創的なアイデアを生んで、つぎつぎと商品にしたのです。本来の知性を持っていたと言うべきでしょう。

知的な活動の根本は、記憶によって得られる知識ではありません。生活から離別した知識は、むしろ考える力を低下させるおそれさえあります。こういうことを、しっかり頭に入れておかなくてはなりません。

習得した知識を生かす上で役に立つのは、せいぜい三十代まででしょう。四十代、五十代ともなれば、知識だけではダメです。知性をはたらかせなくてはなりません。

さらに、六十代以降の第二の人生を実現させたいなら、置き去りにしてきた思考力を少しでも取り戻す必要があります。それには、自分が受けてきた知識教育の足かせをはずして、自らの頭を自由にすることです。

年をとってからの頭の使い方は若いころの思考力ともまた異なるもので、後半生で獲得する新たな独創力です。これこそが、後半生を実り多いものにする力です。

真似はしない

知識に頼るのではなく、自ら思考力を育てる。それを、日々の生活のなかでしていくのは、そうかんたんなことではありません。たいへん難しい。人生経験が長ければ長いほど、さまざまな知識が頭に染みついて、それがいちいち思考の邪魔をするからです。

染みついた知識・常識の多くは、他人のこしらえた思考です。それを自分でつくったように使うのは、正直さに欠けます。

何かの機会にネタばれしてしまえば、バツが悪いのは言うまでもありません。知識を自分のもののようにして使っていると、物真似ぐせがついてしまいます。

物真似を防ぐには、世間の常識からつねに一歩距離を置くことです。声高に「反常識」などと叫ばないまでも、意識して、つまらぬ常識から少し離れたところで、自己責任の思考を持つようにしたいものです。

独自の思考は、人生の岐路のような場面で求められるものです。自分なりに考えぬいたことをもとに歩み始めたあと、よい方向に向かうのか、悪いほうに向かうのか判然としない場合もあります。

しかし、どう出ても結果には自分の納得がいきます。まわりからどう見られても、動じない強さを持つことができます。もうひとつの自分の生き方を決めるとき、その強さがものをいうのではないかと思います。


若いころの話ですが、まわりの「常識」に背を向けて、ずいぶんと意地を張ったことがあります。たとえば外国文学の研究をしていながら、あえて留学しないと決めたときです。

終戦後、世の中は手のひらを返したように英語ブームになりました。これからは英語の時代だと多くの人がそう言いました。

研究者のあいだでは、留学が当然視されるようになりました。まわりの人たちが次々に留学します。なかには、二度目の留学をする者もいます。

それなのに、こちらは外国へは行かない。「なぜ留学しないのか」とみんなから言われました。しかし、留学をしない人間はダメ人間であるかのように見下すような人もいて、不愉快でした。

頭のなかでは自分なりに理屈を持っていました。

留学しない理由はいろいろありますが、まず、半年や一年留学したところで、外国文学のいったい何がわかるか。帰ってきて、イギリス人やアメリカ人と同じような仕事はできるわけがない。

ついで、語学・文学のような人文科学と自然科学では、留学の意味も異なる。自然科学では、国内でも海外でも研究に違いはない。しかし、人文科学となると事情が違う。ことに文学や語学では、日本にいてこそ外国であるが、その国へ行けばそうでなくなる。外国へ行けば外国文学、外国語学ではなくなる。

国文学をしている友人が、「なぜ、留学をしないのか。外国へ行かなくては、本当のことはできないだろう」と言いました。

それに対して「留学しなくたって研究はできる。キミらだって、平安期へ留学しないで平安期文学を研究しているではないか。外国文学だって同じことだ。ただ、平安期へは行けないが、イギリスやアメリカへは行くことができるところが違っているだけだ」。こんなことを言ってやり返しました。

そういう理屈をあげて、留学を常識とする人たちに反対しました。それで、わたしには「へそ曲がり」というレッテルが貼られたようです。

『源氏物語』を英訳して世界に知らしめたアーサー・ウェイリーは、日本に招《しょう》聘《へい》されたとき、「自分の愛する日本は昔の書物のなかにある」と、辞退したそうです。このエピソードに、わたしは強い感銘を受けていました。

アメリカの文化人類学者、ルース・ベネディクトは戦時中、日本の研究をしました。もちろん、日本を訪れたりはできません。それで『菊と刀』という名著を書き、戦後の日本人をおどろかせました。

終戦の年、アメリカでアカデミー賞を受賞した「我が道を往く」という名画がありました。日本では翌一九四六年に公開されましたが、わたしはその「我が道を往く」ということばが好きでした。

常識に背を向け、独自の考えを貫こうとすると、まわりからは白い眼で見られますが、それでも意地を通し、うまく行けば大きな成果をあげられるはずだと考えました。

二毛作人生においても、こういう独自思考があってよいのではないかと思います。たとえ、まわり道をたどったとしても、それが「我が道」であればいいのです。自分が歩んだ道には、自分の目でしか見られないものがあります。それが、新たな人生になります。

人を真似ず、常識にひきずられず、自分の考えによって歩いていく。そうすれば、いつまでも心身は活力を失うことがないと思います。

考えは寝かせる

自分なりのアイデアや発想は、何も急いで一気にまとめる必要はありません。第二の人生の道のりは長いのです。ワインの熟成をじっくり待つように、自分の考えを寝かせておくことによって、だんだん純度が高まってきます。

論語に、「学びて時にこれを習う、またよろこばしからずや」ということばがあります。この「時にこれを習う」というのが、思考を寝かせることに通じるのです。

このことばのあとに続いて「朋《とも》あり遠方より来たる、また楽しからずや」とあります。まず学びへの心がけがあって、友との語らいも楽しいと言っているのです。さきに述べたおしゃべりの効用に通じるところがあります。

「心がけ」とは、随所で心をかけることです。気になっていたことを、折にふれて思い出し、頭のなかで反芻《はんすう》もして、思考を深めていく。ときに、友に会って互いの考えを語り合うのがよい。

たとえ自分の考えであっても、いつも心をかけているものと、その場だけの思いつきとでは、思考の純度が違うのは言うまでもありません。

思考を寝かせた結果、どうしてもうまくまとまらなければ、捨ててしまえばいいだけの話です。ワインの熟成とは違い、思考の仕込みは時期も場所も問いません。

中国・北宋の欧陽脩《おうようしゅう》という学者が、文章を練るのに最適な場所として「三上」をあげました。「馬上、枕上《ちんじょう》、厠上《しじょう》」のことです。

文章を練ることは、思考をめぐらすのと同じ作業と言っていいでしょう。

馬上は現代で言えば、さしずめ通勤の電車となるかもしれません。

枕上は寝ているときということになりますが、睡眠中の忘却によって思考が容易になっていることは、意外と気づかれていません。

科学者で、朝、目覚めたときのひらめきを大切にしている人がいるようです。

睡眠中の忘却が頭を整理し、新しいアイデアが生まれやすくなるのでしょう。

文学者でも同様の体験をしている人はいます。イギリスの十九世紀の小説家、ウォルター・スコットは、やっかいな問題が起きると、決まってこう言ったそうです。

「いや、くよくよすることはない。明日の朝には解決しているさ」。その通りになったというからおもしろい。

厠上すなわちトイレが、雑念のない場所であることは、いまさら説明するまでもないでしょう（少し臭うのが難?）。

三上とは別に、散歩の途中も、思考がとび出すのに適していることは、わたし自身も経験しています。

思考が生まれるのに時と場所は選びません。思いがけず偶然に出てくる思考がことによい。

考える対象によっては、一日、二日でカタがつかないものもあります。寝かせる必要があります。その期間が、数週間、数カ月、さらには何年にもなるケースもあるかもしれません。

半分忘れかけていたようなことでも、自分にとって本当におもしろいことなら、決して忘れっぱなしにはなりません。価値あるものなら、たいていある時期によみがえってくるものです。しかも、たんに記憶が戻るのではなく、深化した思考として姿を現すのです。

かつて、アメリカのケネディ大統領やジョンソン大統領の外交政策にも深くかかわったウォルト・ロストウという経済学者がいます。ロストウは彼の名を世界的にした論文のはじめに、「このテーマは学生のときに思いついた」と書いています。

学生のときとは、論文発表の二十年も前のことです。

「いま、その問題に最終的な形を与える確信を得た」と述べた彼は、寝かせた思考が熟成するまで、実に二十年も待っていたのです。

現代のサラリーマンで言えば、定年後、二十年、三十年、自らの思考をまとめることもあるかもしれません。第二の人生を歩み出そうとするときに、あらためて、心の引き出しのどこかに眠っている思考の種がないかどうか、探してみると思いがけない発見があるかもしれません。

寝かせていた考えが、思考、アイデアとして目をさますのは、「時の浄化作用」とも言えます。その浄化作用がおきるのは、実は忘却機能がはたらいているからです。

まず忘却

年をとると忘れっぽくなる現象というのは、人間の能力の衰えのようにとられがちでありますが、実は忘却こそ、知性のはたらきをさかんにする、大切な下ばたらきをしていると言ってもいいのです。

忘却は意思とは関係なく勝手にはたらいているように思えますが、実は自分の思考のためにはたらいているのです。それに意外とわたしたちは気づいていません。

たとえば、ある文章を複数の人に読ませます。あとでそれを再現させると、めいめいの書く文章は微妙に違っています。

覚えている箇所と忘れた箇所に個人差があるからですが、その個人差こそ「忘却による個性化」というべきものです。完全な記憶なら、同じことになるはずですので、記憶は没個性的ですが、忘却作用には十人十色の個人差があります。

もし、記憶するだけで忘れることをしなければ、頭の中は不必要な知識などであふれかえり、「知識メタボ」がおこってしまいます。吉田兼好が『徒然草』で「おぼしきことといはぬは腹ふくるるわざ」と言ったのは、まさにこのことです。頭に入れて覚えたことは忘れないといけない。

個性的なアイデア、発想、思考は、この忘却なくしては不可能と言ってもいいでしょう。

「知的生活」を実践するために、よくノートなどで記録したりします。いまならパソコンに入力します。しかし、あれは記憶の保護に過ぎず、むしろ考える作業の邪魔にさえなるかもしれないのです。

へたに知識をためこむよりは、いっそのこと忘れてしまうのです。その場で忘れることができなければ、ひと眠りするもよし。新たなものにふれるのもいいでしょう。むりに使おうとしないことです。やみくもに記憶しよう、覚えようなどとも思わずに、自然にほったらかしにしておくのです。

「忘却曲線」で知られるドイツの心理学者、エビングハウスによれば、人は二十分後には四十二％を忘却し、一時間後には五十六％を、さらに一日後には七十四％を忘れるそうです。そして、自律的に忘却から残った知識が、なにかほかのものと結びついて新しくよみがえります。

高度情報社会と言われますが、良いも悪いも区別がつかないほど玉石混淆《ぎょくせきこんこう》の情報があふれ、「知の混沌」「知の迷走」におおわれています。高度になっているのは情報の集積であって、人間本来の思考をうながす知性がおろそかにされているのです。

危ない読書

若いころの読書は、知識を得るうえで欠かせないものです。かなりの読書量も必要でしょう。

出会った本によって、ものの考え方、生き方にかかわるさまざまなことを教わります。めいめいの人生の骨格を形成する「知」の多くは読書によって得られるのです。

しかし、そのような読書体験もせいぜい三十代くらいまで。それ以後の読書は、あまり役に立たない。必要に迫られての情報収集は別ですが一般的にはあまり有効ではありません。では、中年以降の読書とはどうあるべきなのでしょうか。

誤解をおそれずに言えば、よけいな本は読まないことです。

読書は知性を高めたり、自分の思考を深めてくれると思い込んでいる人は多いのですが、たんに知識の詰め込みをしているにすぎないことが多いのです。さらに不必要な知識は、むしろ頭のはたらきの邪魔になります。自分で考えないで本に答えを求めるというのは間違っています。人が考えたことを信じて、その通りにしていてもうまくいくはずはありません。気づかずに思考の物真似をしている場合もあるのです。それに気づかずに本を読むのは、本の真似をすることです。だいたい本の真似などできるわけありません。

わたしも、かつて「危ない経験」をしたことがあります。

二十世紀初頭のイギリスで天才ともいわれたウィリアム・エンプソンという文学者がいました。『曖昧の七つの型』という画期的な文学批評を著していたのです。わたしがそれを読み始めたときに、あまりのすごさに、この先、読むべきかどうか悩みました。

ぞくぞくするほど興味をそそられる本ですが、もしこの先を読んでしまうと、おそらくこの先ずっとこの本に縛られて、身動きがとれなくなるだろう。そう思ったほど圧倒的な力を持っていると感じたのです。

結局わたしは、思考の剽窃《ひょうせつ》がこわくて、そこで本を閉じてしまいました。

それから七、八年後のことです。自分のあたためていた考えがまとまったので、はじめての本を書きました。そうすると、これは、エンプソンの影響を受けていると何人かから指摘されたのです。

しかし、影響を受けたと評された点は、わたしがこわくて読むのをやめた部分だったらしいのです。思考の剽窃や物真似をしたつもりはありません。独自の論を立てたと思っていますが、とにかくエンプソンに影響されているのは否定できません。

そんな経験があって、読書はおそろしいと痛感しました。

ただ、あのとき独自の思考を展開したのはまちがいのないことで、はじめのところで本を閉じた決断は正しかったといまでも思っています。すべて読んでいたら、わたしの本は生まれなかったと思います。

おもしろい本なのに途中で読むのをやめるのは、そうとう勇気がいることです。しかし、自分の思考を大事にするなら、思い切って本を閉じてしまう勇気が必要だと思います。小説は違うと思いますが、評論の場合は、本を閉じたあと、自分の思考にはたらいてもらうのです。

学問研究や著述をする人間と同じように考えることは妥当ではありませんが、第二の人生にさしかかったときの読書には、若いときの読書と違った個性が求められます。それがなくては、本を読んでも意味はありません。

これまでひと通りの読書をしてきたというのが普通ですが、中年以降はまったく新たな本よりも、過去に読んでよかった本の読み直しをするのが賢明です。

小説にしろ評論にしろ、中年以降に新たな感動や刺激を求めても、あまりうまくいきません。それより、かつて自分を揺るがす知的体験を与えてくれた本を、あらためて味読してみるのです。

わたしの経験から言えば、くり返し読みたくなる本は二冊か三冊あれば充分です。そういう本をたまに開いて、読んで、ところどころで立ち止まって自分の思いに遊ぶ。時を置いてまた読んで思いを新たにする。

十九世紀イギリスの評論家、ジョン・ラスキンという人物は、『近代画家論』などの名著をものにしていますが、雑書はほとんど読まなかったといわれています。しかしバイブル（聖書）だけはくり返し読みました。文章修業もバイブルでしました。それで、人間的な成長をなしとげたのです。それが知れわたり、教養の書としてもバイブルが読まれるようになったともいわれています。

本当の読書力とは

子どものときから、本を読むことを教わっていますから、たいていの大人は、本くらい読めなくてどうする、と思っているでしょう。

ところが、本当に読めている人はほんのわずかしかいません。読書家だと思っている人にしても、案外、読めていないことがあります。

文章を読むには、ふたつの読み方があります。知っていることについて書いてある文章を読むのがそのひとつ。前の晩にテレビで観た野球の試合について報じている新聞記事などがこれに相当します。ほとんど考えることもなく読み流しができます。既知を読んでいるのです。

これをアルファー読み、としましょう。これのできない人はほとんどいません。

それに対して、内容が新しいこと、考えたこともないことだったりする文章の読み方があります。

「ことばは、それがあらわすモノゴトと必然的な関係はない」という文章は、中学生くらいには、チンプンカンプンになります。単語のひとつひとつはわかっているが、全体の意味はわかりません。考えなくてはならないのです（さきの文章はことばはことばであり、モノゴトと切っても切れない結びつきを持ってはいない、ということです。だから、日本語で、「家」と言っているものが、英語では「ハウス」になります。ことばがモノゴトと必然的に結びついていれば、こういうことはおこりません）。

こういう未知のことを読むのを、ベータ読みとします。アルファー読みに対するものです。

学校の教育は、世界のどこでもそうですが、このアルファー読みを教えます。それをリテラシィと言うのです。日本の〝読み書き〟の〝読み〟に相当します。いま、このアルファー読みのできない人は日本などではほとんどゼロです。世界的に見ても、だんだん少なくなっています。

それで人々は、アルファー読みのことを「読む力」だと考えて、すべての人がものを読むことができると思っています。大学を出た人でも、アルファー読みのほかに、ベータ読みがあることをしっかり理解していないようです。

本当のことを言えば、アルファー読みでは、新聞も読めないのです。ニュースには読み手の知らないことがいろいろ含まれているからです。たいていの人は、そのことを無視して、わかるところだけ読んで、わかったように思っています。

アルファー読みは、ベータ読みと、はっきり異なった読み方です。いくらアルファー読みに習熟しても、ベータ読みができるようにはなりません。

学校の国語教育では、アルファー読みから始めます。日本だけでなく、リテラシィ教育をしている国はどこでも同じです。子どもの知っていることを読ませます。

本当の読みの教育が、アルファー読みだけでは不充分なことははっきりしています。ベータ読みへ移行しなくてはなりませんが、どうしたらよいか、よくわからないのです。やはり日本だけのことではなく、どこの国もそうらしいです。

いろいろ考えて、文学作品を読ませてベータ読みの入門にすることを考えました。小説や物語は、一見、身近でよく知っている世界のようですが、その実、多くの未知をふくんでいます。アルファー読みからベータ読みに移るには適していいます。

ところが、学校では、文学作品をアルファー読みで読ませてしまい、ベータ読みへ入っていく入口であるとは考えません。それで、結局、学校では、ベータ読みが教えられないことになってしまうのです。明治以来、百数十年の基礎教育が、本当の読書力であるベータ読みを教えられないままでいます。

明治以前の人は賢明だったのかもしれません。ここでいうベータ読みは、アルファー読みのあとに教えたのでは成功しないことを見通して、アルファー読みはしないで、はじめからベータ読みを教えました。漢文の素読《そどく》です。

「子曰《しいわ》く、巧言令色鮮《すくな》し仁（『論語』）」といった文章を、五、六歳の子どもに教えたのです。まるで無茶。子どもにわかるわけがないといまの人は言うでしょう。わかるはずはありません。昔の人もそれは百も承知で、幼児に『論語』などという古典を読ませたのです。これなら、ベータ読みをしないではいられない。実際、そういう漢文を読むだけで立派な知識が生まれたのです。漢文の素読は、ベータ読みの訓練としてたいへん有効だったのです。

中年に達した人は、たいてい自分はモノを読む力があると思い込んでいます。仕事をしていても、ことに、読書力が足りないなどと思わせられることもありません。だいたい、話しことばで用は足りています。書類などはアルファー読みで処理できます。

活字離れが進む今日では、本を読むのは少し変わった人である、と見られるかもしれません。その本に関しても、ノンフィクション、ドキュメンタリーなどアルファー読みで処理できるものばかりを〝おもしろい〟と言って読みます。

図書館で未知の世界の本を読んでみよう。そんなことを考える人は、そう多くはいません。なにかシクジッたりすれば、人生の書を読んでみようと考えるかもしれませんが、なにしろ、忙しいのですから本などとたわむれているヒマはない。良識ある勤め人は、仕事で賢くなります。

しかし、定年退職というのは勤め人にとってたいへんな危機です。うまく乗りこえられないと、みじめなことになります。

これからどうするか。その未知を考えなくてはならない。そういうときは、やはり、本が頼りになります。しかし、どんな本を読むべきかもわかりません。ただ、「おもしろい本、やさしい本ではダメなのではないか」という勘がはたらく人は優秀です。

若いときに読んで、よくわからなかった本を読むのは、いい考えです。ベータ読みができます。

わたし自身、若いときにモンテーニュの『随想録』を読みましたが、少しもおもしろくありませんでした。途中で放り出してしまいました。五十を超えて、身辺におもしろくないことが続発し、いくらか世をはかなんでいるときに、モンテーニュを開き、心をこめて読み、それまでにない感銘を受けました。わからないところは、自分の頭で考えてわかったことにしました。自分も、ベータ読みができるのだと思って元気が出ました。

年老いて本を読むなら、ベータ読みです。アルファー読みは時間つぶしにしかなりません。

めいめいが、我流のベータ読みを確立すれば、第二の人生はおもしろくなります。

「生き方」を学ぶ

ふつう、本を読むときは、何か目的があるものです。「何もすることがないから、本でも読むか」というのも、目的があることになります。

何か新しいことを学びたいと思って本を読む人がいますが、本で得られる知識はたいして役に立たないものです。技術的な知識を与えるハウ・ツーものなど、二冊も読めば、うんざりです。

そこへ行くと、いかに生きるべきかを教えてくれる本は、くり返し読むことができます。はっきり処世訓をふりまわすようなものは、中年の人間にとってはあまり有益ではありません。

それとなく、おもしろい生き方を教えてくれるのは、エッセイです。かつては随筆といわれたものですが、エッセイは随筆とは違い、ものの考え方が含まれていて、人生的です。

子ども、若い人にとってはエッセイは絵に描いた餅ほどの意味もありませんが、中年の人、世間というものをいくらかでも知った人にとって、エッセイは、小説よりおもしろくなります。

小説は同じ作品を二度くり返し読むということは少ないのですが、すぐれたエッセイなら何度読んでもいやになったりしません。

わたしは、中年のころ、仕事に倦《う》み、自分を見失っていたときがあります。気分転換のつもりで、小旅行を考えました。行き先を決めずに駅へ行き、思いついたところまでの切符を買い、一泊か二泊して帰ってくる、というのです。

退屈しのぎに、文庫本でも買っていこう。そう思って入った書店で、内田百《うちだひゃっ》閒《けん》の『百鬼園随筆』に目がとまりました。深く考えないで買って、列車に乗りました。それまで名前は知っていましたが、文章を読んだことがありませんでしたので、新鮮な感じでした。それまで読んできた文章と味わいが違うのです。心にしみこむように思われました。二日間の旅行中に読み通し、二度目も半分ほど読んでいました。この小旅行の最大の収獲でした。

内田百閒はドイツ語の先生でしたが、それらしいところは少しもありません。カタカナの外来語など決して使いません。ごく洗練された日本語で、明治以降、わたしの知る限りでは、こんなに美しく、格調の高い文章を書いた人はいなかったと思います。

旅行から帰ってきて、ほかの作品も手に入れて夢中になって読みました。そして、八冊の文庫本のエッセイをわたしの古典と決めて、くりかえし読むことにしました。八冊を読み終えると、また、はじめへ戻って読むということを十年くらい続けたように思います。

はじめのうちは文章に心ひかれていたのですが、やがて、その向こうにいる著者の生き方、考え方に魅せられるようになり、何度読んでも、いつも新鮮で刺戟《しげき》的でした。百閒によって、自分がいくらか変わったように思います。

百閒の『阿房《あほう》列車』は一種の紀行文ですが古来まれというか、かつてなかった名文です。「なんにも用事がないけれど、汽車に乗って大阪へ行って来ようと思ふ」という書き出しです。

おもしろいことは何も出てこないのに、たいへんおもしろいから不思議です。そして、いつしか、自由な生き方、自由な考え方というものも見ることができます。

わたしは、中学生のとき、国語の教科書で、寺田寅彦の「科学者とあたま」という文章を勉強しました。どれほどわかっていたのか自分ではわかりませんが、はじめて、おもしろい考え方というものがあることを直観しました。ほかの寅彦の文章も読みたいと思いましたが、田舎なので、そんなしゃれた本があるわけがなく、東京の学生になるまで、お預けを食いました。

東京へ出てきて、まず、読んだのが、寺田寅彦全集でした。文学篇のすべてを隅から隅まで読み、ものを考えるということをぼんやりながら理解するようになりました。寅彦に出会った偶然をありがたいと思います。へたな文学青年にならなくてすんだのは、寺田寅彦のエッセイのおかげだと思います。

内田百閒も寺田寅彦も夏目漱石の門下です。わたしにとって、それが偶然であるとは思えません。漱石の作品にもつよい関心をもっています。

定年ですることがなくなったら、寅彦や百閒のようなエッセイをじっくり読めば、新しい自己があらわれるのではないかと思われます。

わたしは、その後、前にも述べましたが、モンテーニュに心酔しました。その影響ははっきりしませんが、人間について考えるとき、いつもモンテーニュが頭に浮かびます。いまでも、モンテーニュを読んでよかったと思っています。

第5章 新しい人生を切りひらく

マイナスから出発する

万事順調、心わずらわすこともない。そういう〝幸せな〟人もいないわけではありません。しっかりした力を持っていて、なんでも思うようになる。そういう人もいるでしょう。そういう人は、定年で職を離れても、次の仕事を用意することができます。

役人などなら天下りと言われますが、本人はのん気なものです。いつまでも威張っていられます。そういう人の人生は恵まれているように見えるかもしれませんが、単調でおもしろ味がありません。

親が成功者である人は、生きることを考えなくてもよいのです。親のしたこと、考えることを踏襲《とうしゅう》すればよいのです。苦労が少ないので、二代目は人間が甘い、と言われますが、本人はそんなことを知りませんから、いつも〝本日は晴天なり〟などと思っているうちに老いてしまいます。初代にまさる二代目になるのは至難のことです。

戦前の三井財閥の大番頭、池田成彬《しげあき》は、三人の息子に向かって、「何をやり、何になってもいいが、実業家にはなろうと思ってくれるな」ということを教えたそうです。実業家になれば、いやでも、親の七光りのおかげと言われるだろう。二代目人間になる、それはいけないと注意したのでしょう。こういう賢い親はめったにいるものではありません。

三代目はもっと恵まれています。幼いときから苦労というものをしたことがなく、ほしいものはたいてい与えられる。ほしいと言わないものまで手に入ります。思うようにならないことがあるなどと思ったこともありません。三代目はお人好しで、威張り屋、人のことを考えたりすることは少ない。世の中のことを知らないから、すぐ人にだまされます。転んだことがないから、失敗したりすれば、立ち上がることができません。祖父から引き継いだものを失うことになります。三代目はたいへん難しい立場にあります。

昔の人が「売り家と唐様《からよう》で書く三代目」と言ったのは、三代目は教養はあっても、生きる力がないから没落するのだということを諷《ふう》したのです。恵まれた三代目になるのは、必ずしも幸福でないというのは人生の皮肉です。

普通の人は、二世でも三代目でもなく自分からすべてが始まる〝初代〟です。昔は「人生わずか五十年」と言ったものです。一生は一生です。ところが、高齢化が進んだ現代においては、一生が一生で納まらなくなってしまいました。かつての一生のあとに三十年近い第二の人生ができてしまっています。

これは新しい情況です。人生を二度生きた人は、これまでにほとんどいないと言ってよいでしょう。いまの中高年の人は、前人未踏のコースを進もうとしているわけです。前を行く人がいません。しかるべきガイドもありません。自分の才覚で生きていくほかないのです。

農業や商売のように自力で生きてきた人は高齢化社会の影響を受けることが少なくて、人生二毛作など考えることもないでしょう。いまの世の中、だんだん自営で生きる人が少なくなり、勤め人、サラリーマンが圧倒的に多くなりました。

サラリーマン人生の歴史そのものが短いのです。祖父の代からサラリーマンだった人は少数です。父親がサラリーマン、という人はそれより多いですが、なお、少数といってよいでしょう。大多数のサラリーマンは自分の代から俸給生活者になった人たちです。

定年がどんなことか、よくわからない。おもしろくないことであるのははっきりしているが、おもしろくないことは考えないようにするのが人情。定年のことはなるべく考えないようにして定年を迎え、あわてたり、しょげたり、さわいだりします。

勤めをやめてもすることがない。どうしようと考えても、いい知恵などわくはずがありません。とりあえず、これまでいたところで働かせてもらおうとなります。

定年後は同じところで働いても、まず成功しません。わびしさ、つらさ、退屈ばかりでさっぱりおもしろくありません。その仕事だっていつまでも続けられるわけではなく数年すれば放り出されます。定年後の再就職は望ましくありません。

このように、勤め人は第二の人生を考えなくてはなりません。自営の仕事をしている人は、途中で仕事を変える必要はありませんが、自営でありながら第二の人生を考えた人がいます。

江戸時代の伊能忠敬《ただたか》は、若いとき伊能家の養子となり家業をさかんにしました。ところが五十歳を目前に、家督をゆずり、学問の道に入りました。江戸へ出て天文学を修め、その知識をもとに全国の土地測量を行ない、日本最初の実測地図「大日本沿海輿地《よち》全図」を完成させました。

商人としても有能で家業をさかんにしたのにそれに満足せず、まったく違った学術に人生をかけることにしたのです。凡人にできることではない。いかにも無謀とも思われる大業にとり組み、みごと成功したのです。

いまの時代に、このような勇気のある人はあまりいませんが、二毛作人生の範となるものです。

生活の型をつくる

勤めをもっていると、週末は、くつろぎのときです。朝寝をしたり、朝食を抜いたり、一日中、ごろごろすることが多くなります。

おかげで、月曜の出勤の気が重くなり、出かけるのがおっくうになります。これは学生なども同じで、「月曜気分」になってしまうのです。

勤めをやめると「毎日が日曜」と言って、喜ぶ人がいます。とんでもない考え違いです。生活のリズムがくずれるのはよくありません。健康によくないのです。退職後、大病に見まわれる人が少なくありませんが、一般に、「荷おろし症候群」と言われるものです。それまで重荷になっていたものを下ろしてホッとするとおこる不具合です。月曜気分の大きくなったものと思えばいいでしょう。

何もしないで、ボンヤリ、ノンビリ過ごすのが楽しい。そう思うのは規則的な生活をしているからです。毎日が日曜で、ヒマがありすぎると、ノンビリ、ボンヤリは少しも楽しくありません。

それだけならいいのですが、心身の変調をひきおこすきっかけにもなります。退職して生活の変わる人はよくよくそのことを肝に銘じておかなくてはなりません。

何もすることがない。ラクチンでいいや、などと考えるのはとんでもないことです。一日を充実させなければ、病気にかかってしまうのだと覚悟するのです。

ただ、心がけるだけでは不充分です。

まず一日の過ごし方をはっきりさせるのです。それには、日課をこしらえます。それまでも日課のある生活をしてきた人は、新しい日課をつくりましょう。それまでの日課は役に立ちません。

心の中で決めるだけでは、はっきりしません。小さな紙切れなどを使って、日課表をつくります。

まず、起床時間を決めます。

すぐ、朝食にしたりするのはおもしろくありません。前にも述べたように、わたしは起き抜けに、散歩をすることにしました。退職後ではなく、まだ現役バリバリのときに、朝の散歩を日課にしました。一時間半くらいかけて、たっぷり歩きます。何も考えなくてもいいのですが、夢のようなことを考えるのが楽しいものです。うちにいては思いも及ばないことが、歩き出して三十分、四十分すると、頭から飛び出してきたりします（年をとってきて、運動量が落ちてきましたので、階段散歩を始めました。神社やお寺はたいてい石段の上にあります。そうでなくても、地下鉄の階段に百段もあるところがあり、たいへんいい運動になります。時間もあまりかかりません）。

さほど暑いときでなくても、帰ってくるころには、うっすら汗ばんでいます。これをそのままにしておくのは禁物。汗をふきとって、下着をとりかえます。実にさわやかです。

朝食は、量を少な目にしますが、その代わり、よく噛むようにします。子どもなら「年の数の倍、噛みなさい」などと言うところですが、年寄りではそうはいきませんので、できるだけ時間をかけてよく噛むようにします。よく噛むのが健康によいことはだれでも知っていますが、頭のはたらきをよくする効果のあることを知らぬ人が多いようです。

朝食後は五十六頁で述べたように「また寝」をするか、新聞を読むのもいいでしょう。勤めのあるときは、なかなか時間がありませんが、勤めをはなれたら、ゆっくり新聞を読むことができます。当然、読み方も変える必要があります。忙しいときは、自分の興味のあるところだけをのぞく程度ですが、それでは、新聞がかわいそうです。はじめから、終わりまで、ずっと目を通すことを考えます。しかしいまの新聞は四十ページ近くもあります。とても全部を読むわけにはいきません。だからといって、スポーツのページと、社会面をながめるだけではいけません。

全ページをのぞき、見出しを見て、何かひとつ本文を読む。まったく関心のないページでも努力してひとつは記事を読むようにします。一年たつと、たいへんなもの知りになります。

昼の食事をすませたあと、何をするかを決めるのが大変なことですが、なんとか見つけましょう。夕方にかけて、たいへん能率が上がります。テレビなど観て過ごしてはもったいない。

夕食も時間を決めて早目にとり、あとはくつろぎます。自分の目指す仕事をするのもよろしい。残業だと思うのです。

勤め人の場合は、何かと遅くまで起きているでしょうが、夜ふかしは知的生活にとってよろしくありません。遅くとも十時には床に入りたいものです。そうすれば、朝の目覚めがさわやかになります。

翌朝、目をさまして、その日の日課を始める前に前日の予定表を見なおして、実行できなかったものの上には×をつけます。×がいくつもあるのは気持ちが悪いから、少なくなるように、心がけることになります。

毎日、それをくり返していれば、おのずから規則正しい生活になります。若い人だってそうですが、規則正しい生活は、身体や精神をハツラツとした生活にするもっとも確実な方法なのです。

ゆっくり急ぐ

人間は子どものときから、ものを覚えるのはいいこと、忘れるのはよくないこと、と思い込んでいます。

むやみに頭に詰め込んでいれば、頭がよくはたらかなくなるのは当然です。朝から晩まで、同じことを休みなく続けていれば、心身ともに、おもしろくないことがおこります。過労死はその極端なケースです。休み休み働けば、過労になることは少ないのですが、いまの企業は考えが古いから、休みはムダ、休みなく働くのが望ましい、という単純な労働至上主義にとらわれているのです。それが結局、生産性を落とすとは考えません。

いま、腰痛に悩んでいる人が多いようです。お年寄りのことだろうと思うと、そうではなく、働き盛りの四十代五十代の、とくに女性が多いそうで、その数約二千八百万人といいます。信じられないような数字ですが、仕事の仕方が悪いのでしょう。

机に向かい何時間も仕事をするというのはたいへん不自然なことです。野生の動物だって食べるために働きますが、同じところに何時間も座っているなどということをするものはありません。じっとしていることは、動物にとってときに危険です。

サラリーマンはそのことも知らずに、机に向かう坐業を長時間続けるのです。病気になるのは当たり前。腰痛くらいでおさまっているのはむしろ運のいい人でしょう。

同じ理由で寿命を縮めている人がどれくらいいるかわかりません。目立たないだけです。

長い時間、同じ姿勢でいることが、たいへん危険であることに早く気づかなくてはなりません。

学校の子どもは、机に向かって、おもしろくもない授業を一時間も受けます。

何時間もぶっ続けで授業する学校はどこの国にもないでしょう。実際やってみると、いろいろ困ったことがおこります。昔、それに気づいた人が、授業と授業の間に、休みの時間をつくりました。たいへんな知恵だと思います。

もう二十年近く前になるでしょうか。東京の名門高等学校で、先生たちが、トンマなことを考えました。休み時間はムダ。「ぶっ続けでやれば効率がいい」と考えました。

やってみると、思いもかけない結果になり、学力がガタ落ちになったそうです。あわてた学校はすぐもとへ戻したということです。

退職して時間ができると、まじめな人は、朝から晩まで、ひとつのことに集中することができます。それをいいことのように思っている人は、一日中、図書館にこもって難しい本を読んで得意になるかもしれませんが、知恵が足りません。図書館、もちろん結構ですが、一日中というのがいけません。せいぜい二、三時間です。それもぶっ続けは不可、三十分もしたら席を立って少し動くようにします。

前の節で日課づくりをすすめましたが、日課がはっきりしていれば、同じことを何時間も続けるということは避けられます。

ローマの皇帝アウグストゥスが言ったという「ゆっくり急げ」は至言です。急げや急げ、ではいけません。ゆっくりゆっくりもいけません。ゆっくり急ぐ、これがよろしい。

年をとった人間は、若者よりは、ゆっくり急ぐことができますが、なお、急げや急げになったり、ときには、ゆっくりボンヤリとなったりします。

うまく、ゆっくり急ぐ生き方をすれば、すばらしい二毛作になります。

第二の天性

英語に「Habit is second nature.」ということばがあります。日本にない考えですから、ピッタリの訳語を得ることも困難です。しいて言えば、「習慣は第二の天性である」となりますが、もとの nature を日本では〝自然〟と訳してしまったために、このことば全体がわかりにくくなったのです。nature が、〝自然〟のほかに、「生まれつきもっているもの、天分、天性」という意味を持っていることをよく理解しなかった明治の英語のせいです。

人間は生まれつき、生まれながらの力、能力、性質を持って、この世にあらわれます。これが第一のネイチャーです。

生まれながらのネイチャーは天から与えられたものですが、ただ、人間は未熟な状態で生まれてくるため、すぐその力を発揮することはできません。しばらく待たなくてはならないのです。そしてその間に天分を忘れます。その間に天分は少しずつ減っていきます。まわりの大人もそれに気づかないでいます。

昔の人は、それを〝十で神童、十五で才子、二十過ぎればただの人〟と言いました。神童というのは天分、天性を失わない子です。十歳まで天分を失わないというのは希有《けう》のことです。十五になると、まだ少しは力を保っていますが、二十を過ぎると天分の力は尽き、ただ生きているだけの人間になってしまうという辛口の人生観をあらわしたことばです。つまり、人間は天分を持った〝天才〟として生まれてくるのに、それに気づかず、ボンヤリ成長しているために、二十歳くらいになると、それが消えてしまう、ということを洞察した名言です。

人間は二十歳くらいになると天分、天性、ネイチャーを失ってしまうというのはきびしい考え方ですが、いまの教育などでは考えられないことです。

人間は若くして天性、天分を失う。ではどうするか。

昔は寿命が短かったから、〝ただの人〟で一生を過ごすこともできました。

少なくとも、日本では、それを真剣に考えることはありませんでした。

それではいけない。人間は、生まれつきの天賦《てんぷ》の力がなくなったあとも生きていかなくてはならないと考えた人たちが、生まれつきのネイチャーが消えたあと、「その代わりの力を自力で生み出す」という考えを生み出しました。それが、「習慣」です。生まれつきの天性を第一の天性とすれば〝習慣は第二の天分、天性である〟というわけです。

第一の天分、天性はなくなって、そのあとに自力で第二の天分をつくることができるというのです。それはネイチャーが与えるものではなくて、自分の生活によって生み出すというのです。

その生活、立派な生活は、続けていると習慣になります。この習慣が、生まれつきの天性に近い力を持つと言っているのが、〝習慣は第二のネイチャーである〟ということばなのです。

少し高等な教育を受けると、知識をありがたがって、生活を小バカにします。知識さえあれば人間は進歩するという古い思想にいまなおとらわれています。

知識は生活より高級であるように考える人がほとんどです。

生活をないがしろにしていると、生活習慣病になる、ということを近代医学が発見して、適度な運動がすすめられていますが、それでもなお、習慣の大切さがはっきりしているわけではありません。

生活習慣病は体だけではありません、心にもおこります。よくない生活習慣は健全な精神を育むことができません。正しくよい生活習慣は人間を大きくします。〝習慣は第二の天分なり〟は、そういったことを道破した名言だと言ってよいでしょう。

人生を二度生きる。二度目の人生がみじめなものとならないようにする、人生二毛作の考えは、この〝第二の天性〟に注目しなくてはなりません。

つまり、知識中心、生まれつきのまま、という生き方を変え、毎日の生活を規則正しく、思慮深く、人に迷惑をかけず、自らを成長させていく生活を続け、生活習慣をつくれば、それがすなわち、その人の〝第二の天性〟となるというわけです。

習慣は、一日にして成るものではありません。いくら早くても、習慣と言われるものになるには二年や三年でも充分でないかもしれません。生活習慣が威力を発揮するには少なくとも五年、十年もかかるように思われます。

退職間際になってよい生活習慣をつくろうと思い立つのでは、いささか手遅れです。四十代、遅くとも五十代になったら、第二の人生のため、第二の天性のために、新しい生活習慣づくりにふみ出すべきでしょう。

こんなところで自分のことを引き合いに出すのは良識に欠けることですが、参考までに紹介させていただきます。

三十代のころ、わたしは健康不良でした。仕事もまっとうにできませんでした。それを脱却するためにいろいろなことを試みましたが、どれも長続きしません。

何気なく始めた散歩が性に合ったのか、いつまでも続けられました。まだ、世間で散歩が普通になっていないころで、歩きすぎると体に悪いなどと注意してくれる人もいました。

毎日、二時間近く、一万二、三千歩歩くのを日課のようにしました。このごろは年を考えてすこし縮小しましたが、毎朝の散歩は欠かしません。はっきり、生活習慣であると言うことができます。

自分で、人生二毛作の生き方をしてきたかどうか、はっきりしたことは言いかねますが、散歩という生活習慣によって、年をとってから、元気で、仕事をしていられるのだということは自信をもって言うことができます。〝習慣は第二の天性〟を信じています。

好きなことをする

大学を出た人たちが、それぞれ思い思いの仕事をしているかというと決してそうではありません。流行の職種に希望者が殺到するから、入社試験に落ちる人がたくさん出ます。

戦後まもないころ、いちばん人気の高かったのが石炭会社でした。そして、繊維、製紙、製糖です。石炭は黒ダイヤと言われ、社員には破格の給与が支払われていました。繊維と紙と砂糖は、みな白いから三白と言いました。黒ダイヤと三白の会社に入れば天下をとったようなものでした。

それが三十年たつと斜陽産業と言われるようになり、石炭会社はどこも左前になりました。かつて天下をとったような気持ちで入社した人たちは幹部になっていましたが、銀行へ行って融資を頼むのが仕事になっていました。

本当に好きで入った会社なら、あきらめもつくでしょうが、流行によって選んだ仕事だけに、悔いをもった人が多かったはずです。

自分のうちが自営の仕事をしていれば、就職に苦労することはなく、親のあとを継げばいいのですが、そういう恵まれた立場の人は長男に限られます。次男坊以下は、ほかに仕事を見つけなければなりませんでした。その格差はたいへんなものです。

わたしの家は父がサラリーマンをしていましたが、分家でした。本家は立派な商売をしていて町でも指折りの資産家でした。子どものころ、わたしは、本家へ行くたびに、分家の哀れさを感じました。本家の跡取り息子である同じ年ごろのイトコをなんとなくねたましく思ったこともありました。

当然、イトコは若くして家業を継いだのですが、十年もしないで、会社を破産させてしまったのです。

こちらは、家業がありませんから、好きなことができます。本家が没落したとき、イトコを気の毒だと思うようになりました。世に二世、二代目といわれる人は少なくありませんが、本当に自分の好きなことができないということでは不幸だと言ってよいでしょう。

お医者の子は、長男であれば、まず、医者になって父のあとを継ぐというのが常識です。このごろは様子が変わりましたが、開業医の世襲は容易になくならない。好きで継いだ医家ではないから、俳句をひねったり、絵を描いたりする。その道で本業よりも有名になった人もいます。

親に力がないと、子は、自分の好きなことができるわけですが、本当に好きなことがないと、流行の後追いをすることになる。自分の好きなことがはっきりしていないことが実に多いのです。人のことばに動かされたり、世間の常識に引きずられたりします。

二〇一四年春、大学を出た人たちはこぞって金融機関への就職を希望したようです。人気ランキングの上位は、銀行、保険会社によって占められています。それらの会社がとても好きだからではありません。心にもない就職をしているのではないかと疑われます。

わたし自身、好きなことをしていましたが、はじめ勤めたところがおもしろくありませんでしたから、一年半で退職して、勉強をやり直しました。しかしそれを終了しても定職が見つからない。まったく思いもかけない雑誌編集をさせられました。編集部の下っ端として働くのではなく、ひとりですべてを切りまわすワンマン編集です。うまくいくわけがない。さんざん苦労して、いつやめるかということばかり考えていました。

破れかぶれで立てた企画がうまく当たって完売の号を出したことで、愁眉《しゅうび》をひらきました。しかし、この仕事をいつまでもしていてはいけないという分別はありました。十二年続けた編集を四十歳になったのを機にやめてしまいました。すでに大学の教師をしていましたので、失業したわけではありません。しかし、編集をやめると、時間がポッカリあきました。

これはいけないと感じて、好きなことをしようと考えました。自分の好きなことというのは、案外、自分ではわからないものです。あれこれ考えていて半年くらいたちました。

ある日、小学校の図工の先生のことを思い出しました。変わった先生で、図画などは一切教えません。校内にある破れ小屋で焼きものづくりをさせました。と言っても何か教えるわけではありません。一台しかない手廻しロクロに向かって黙々と土をまとめている。子どもたちは、カエルやネコのお化けのようなものをつくりました。

いっさい、指導は受けません。ときどき、先生のつくったものといっしょに焼いてくださる。それがなんとも言えず楽しかった。それを思い出して、そうだ、焼きものをつくろうと考えました。

始めてみると、これが滅法おもしろい。朝から、勤めていた学校のロクロ場へ行ってロクロを廻す。夢中になっていて、昼の食事を忘れることもあり、午後から始めた日は、外へ出るとまっ暗で驚く日もある。家のものから、商売変えしたほうがいいと笑われましたが、まったく平気でした。生まれてから、こんなに熱中したことはありません。もちろん、プロの陶芸家になる自信はありませんでした。手ほどきをしてくれた先生から、ロクロは十代で始めないとものにならない、と最初に引導をわたされていたこともあります。

五年ほどしたところで、やはり、焼きものづくりでは生きていけない、専門の仕事を大切にしなくてはいけないと考えて、焼きものから離れました。またひとつわが失敗になりました。

その何年かあと、三重県の津市の女子高校へ講演に行きました。帰りに学校関係者から、「土地の銀行家のつくったものですが」と言って、茶碗をもらいました。何気なく使っているとだんだん美しいと思うようになりました。そして、その銀行家というのが、有名な川喜田半泥子《かわきたはんでいし》という昭和の名工であることを知りました。いわゆる名器とは違う、ぬくもりと厳しさが感じられるのです。使っているとだんだんその味わいが出てくるようです。

銀行の仕事は、おもしろくてたまらないというほどではないでしょう。その心のすき間をふさぐために半泥子は焼きものをつくったのだと思います。好きなことができたのですから、恵まれた人生であったと想像されます。

人生二毛作を考えるとき、凡人の及びもつかないことははっきりしていますが、半泥子は目印になるでしょう。半泥子は銀行家としてより、陶芸家としてよい仕事をしたという点で、われわれのお手本になります。

前向きに生きる

子どものときから、「忘れてはいけない、よく覚えておけ」と教えられたせいで、たいていの人が、忘れるのはいけないことだと思っています。忘れるのは頭が悪いと決めてしまっています。忘れるのをおそれているのです。

これはたいへんな間違いです。忘れることができなければ、新しいことを覚えることもできません。

「ものを覚える、記憶する」というのは外のものをとり入れて保存することです。頭の容量には限りがありますから、頭がいっぱいになれば、もう新しいことを頭に入れることができなくなります。これ以上はもう入らないというので、頭がはたらかなくなってしまう。ゴミがたまりすぎると、新しいものの置き所がなくなるのにいくらか似ています。ゴミがあふれたら、ゴミ出しをしなくてはなりません。頭のゴミ出しをしてくれるのが忘却です。せっせと忘れることで、頭の中がきれいに掃除されます。

忘れるのは、夜、眠っている間がもっとも活発です。一日でたまったゴミのようなものを選り出して捨てます。

朝、目をさまして、気分爽快、頭がすっきりしているのは、夜の間に、忘却作用によって頭の中のゴミが掃除されたからです。忘却のはたらきが充分でないと、朝でも頭は重く濁《にご》っているでしょう。それが続くようだと病的異常になるおそれがあります。ノイローゼとはその一つだと思います。

学校の勉強は知識を増やすことを目的としていますから、忘れるのを喜びません。とにかく覚えておけというので、どれくらい覚えているか調べるためにテスト、試験を行います。記憶テストですから、記憶力が高いのが優秀であることになります。「忘れるのはうまいが、記憶力は弱い」というのは劣等生になると思われています。

本当は、忘却型の優秀な頭があるのですが、学校でも社会でも、そういう頭を優秀だと考えることがありません。忘れっぽいのは知能が低い証拠だと決めてしまっています。

学校でもらった忘却恐怖症は、一生、ついてまわります。なんでも忘れないように、なんでもメモする人がいます。メモしたことは、安心するせいか、いっそう忘れやすい、ということも知らず仕事をして、たいへんな損をしているのが近代人です。

新しく、第二の人生を切りひらこうとする人は、こういう誤解から脱却する必要があります。と言ったところで、簡単に、できるわけがありません。覚えるのはくり返し頭に入れれば覚えられますが、忘れるのは努力しても忘れられないのです。ことに、忘れたいことほど忘れられないという皮肉なことになっています。

昔から、「忘れたいのに忘れられない」ということに苦しんだ人は少なくありません。いやなこと、失敗、悪いことなど、少しでも早く忘れてしまいたいのですが、容易には忘れられません。いろいろ考えた挙句に思いついたのがヤケ酒です。

ぐでんぐでんに酔っ払ってしまえば、忘却がさかんにはたらくのでしょう。酔いからさめてみれば、どうして自分がここにいるのかもわからなくなっています。忘却の浄化作用が効果をあげたのです。

ヤケ酒は体によくない、といわれます。それはその通り。体にいい深酒などあるわけがありません。しかし、いつまでもくよくよして、健康を害するよりはまだ賢明であるとも考えられます。

長い間勤めた会社を、定年とはいえ、不本意に辞めなくてはならないのは、人生における大不幸であります。ひどい精神的打撃です。かといって、まさかヤケ酒を続けるわけにもいきません。ぐっとこらえて耐えるほかありません。心はどうにか耐えられても、体の受けるストレスをとり払うことは容易ではありません。ストレス性疾患（多くは大病ですが）にかかる人が少なくありません。

とにかく忘れることです。定年のショックをいつまでも引きずっていてはロクなことはありません。心機一転、新しい光に向かって歩み出すには、過去を忘れることです。

しかし、忘れようと思っているだけでは忘れたいことは消えてくれません。くよくよするのは、要するに、後ろ向きになっているからです。いくら過ぎ去ったことにこだわっても、過去が変わるはずがありません。

前向きになって、新しい目標に向かって、我を忘れて進もうと思えば、いやなことは自然に忘れられる、そういうように人間はできているのです。後ろ向きになって、どうにもならないことにくよくよするのは、愚かです。

忘れようと思ってもなかなか忘れられないことでも、書いてみると、案外、あっさり忘れることができます。書いて記録にしてあると思うと、安心して忘れることができるのです。

日記をつけるのも、記録しておきたいという気持ちが主ですが、実際は、日記をつけることで、安心して忘れるということが少なくありません。

四十年も勤めた仕事のことは、退職したからといって、かんたんに忘れられるものではありません。しかし、その記憶が新しい人生への前進を妨げ、元気、活気を失わせ、病気をもたらしたりするのです。いっそ、勤めていたときの自史を書いてみると、本当に、過去から離れることができるかもしれません。

ひところ自分史というのが流行しましたが、退職したら、それまでの人生をまとめて〝半生記〟にするというのはおもしろいと思います。過去を捨てるのではなく、過去と絶縁するための記録です。

ものを書くのはいやだという人は、ぜいたくな外国旅行をして心身をリフレッシュするのも悪くありません。浦島太郎のような気持ちになれば、旅費など安いものです。

昔の人で立派な仕事をした人も、人生二毛作の考えを持っていたと考えられます。前半の人生を忘れて、後半の悟道の人生へ入ることを望んで、出家をしました。それまでの俗世を忘れて、新しい信仰の人生へ入ることです。

出家するほどの人はすぐれた力を持っていて、歴史上に名を残しているケースが少なくありませんが、俗を捨てて、聖の世界へ入るのは、目覚ましい変身というべきでしょう。

現代に生きるわれわれが、出家をするのは容易ではありませんが、前半生を忘れて、新しい後半生を始める決意において、われわれも、出家的に生きることはできるはずです。

人間にとって過去は大切ですが、それにとらわれて、前向きに生きられないのではよろしくありません。

過ぎ去ったこと、ことに、よくない過去は少しでも早く忘れてしまうことです。そのあとの頭で、新しい生き方を考え、工夫するのが賢明な人間であるとしてよいでしょう。

欲を捨てる

いつまでたっても、オレオレ詐欺、振込め詐欺がなくなりません。それどころか、とられる額が大きくなっています。何百万円はおろか、一千万円以上をだましとられる人もいます。よほど間が抜けているのだろうと思うと案外、しっかりした良識のある人たちが、まんまとやられているのです。

どうしてそんなことになるのか。つまり、欲に目がくらんだのです。その欲とは、わが子、わが孫に少しでも多くのものを遺したいという欲でしょう。その孫、子がピンチに陥っていると聞けば、虎の子の金でも惜し気もなくやってしまう。

金を貯めてきたのも、子や孫に遺してやりたいという欲があってのことです。年をとると、使い道はありません。子や孫からSOSを発すれば、本物かどうか吟味するまでもなく、助けてやります。「子を助けてやった、孫を救ってやった」と思うのは生き甲斐になります。お人よしの欲ばりほどだまされやすいことになるのです。

われわれは、みんな、ひそかに、金を貯めようとしています。少しずつ金が貯まっていくのが生き甲斐だという人は、いまの高齢者層には少なくありません。若い世代は、金がなくてもローンで高いものを買ったりしますが、堅実な老人は、ほしいものがあっても、我慢して買わず、お金を貯めるのを喜んでいるのです。

オレオレ詐欺はそこをついた犯罪です。指一本ふれず、相手に顔を見られないで、大金をせしめる。昔からのスリ、泥棒に比べるとはるかに巧妙です。めったにつかまらない。振込め詐欺がなくならないのは、カモになる人があふれるほどいるからです。

お金を貯めるのは、楽しい。何のために蓄えをするのか、はっきりしなくても、お金を貯めたいという欲心は、年とともに強くなっていく人のほうが多いようです。

〝地獄の沙汰も金次第〟。昔の人がそんなことを言いましたが、金の力はたしかに大したものです。それを増やそうとするのは人間本能に近い欲望と言ってよいでしょう。

使い道のない金を貯めるのはスポーツのようなものです。はっきりした目的はなくても、競争して貯めていると、それ自体、価値があるように思われますが、貯まってみると、金は持ち主の負担になり、金の番人のようになって人生を終える人も出てきます。

せっかく貯めた金だから、めったなことに使いたくない。いちばんいいのは、子や孫に遺すことですが、それは自分の死んだあとのことになります。その前に、子や孫に金をやるのが望ましいと思っている人が少なくない。そこを悪知恵のあるヤツにつかれるというわけです。

年をとったら、考えを変えなくてはいけません。心を生まれ変わらせるのにはどうしたらよいか。それを考えるのが新しい知性なのですが、そういう人はきわめて少数です。

こまかいことはさておき、年老いて新しい人生を実りあるものにしたいと思ったら、まず、物欲を捨てることです。しかし、ただ捨てるのはもったいない。能がなさすぎます。

「子孫のため」というのは、なお物欲にとらわれている証拠です。世のため、人のために、欲を捨てる。これが本当の良心です。そういう転心ができれば、人間は一段高い存在になるでしょう。

昔の人は、「喜捨《きしゃ》」ということをしました。辞書には「喜んで寺に寄附したり、貧しい人に施し物をすること」とありますが、もとは、前半の「寺への寄附、寄進」を言ったものです。

寺は、喜捨によって支えられてきましたが、戦後になって喜捨の心が失われ、寺は苦しい立場におかれることになり、商売もどきのことをせざるを得なくなってしまいました。そのような経緯で、喜捨を受けるに値する寺が少なくなり、喜捨ということばすら知らない人が多くなってしまったのです。まさに末世と言えるでしょう。

喜捨しようと思っても、その気になれない寺が多すぎます。寺はもっと地味な努力をして人々の力にならなくてはいけません。

お寺がだめなら学校がある。私立の学校は学生の授業料によって運営されますが、それだけでは充分ではなく、寄附は不可欠です。ところが、この寄附が弱い。充実した教育などしたくてもできないことが多い。

イギリスのことですが、かつて、在校生ゼロとなったエリート学校がありましたが、教職員は一人も減ることなく、従来どおりの給与を受けていました。生徒なしの状態が十年も続きましたが、学校は守られました。やがて認められて生徒が集まるようになったというのです。うらやましい話です。がんばった教職員もえらいのですが、財政を支えた同窓などの寄附の力があったからできたことです。

日本人は欲深いのか、めったなことでは寄附をしません。喜捨しないのと同じ根を持っています。よほど私欲が強いからでしょう。

このごろは、国立大学がおびやかされています。完全に国費のみによって運営されるのではなく、自力で収入をつくって補う制度へ移行中で、年々、国からの予算が減っています。へたをすると、破産ということもありうるかもしれません。

大学も卒業生に向かって寄附を呼びかけていますが、慣れないこともあって、寄附集めが拙劣《せつれつ》です。寄附してもいいと思っている人間でも、寄附募集の呼びかけを見て、いやになることもあります。もっと寄附集めに真剣にならなくてはなりません。受け入れ体制を整備するのは当然の第一歩ですが、そのほとんどに責任ある保証がはっきりしていません。

それでも、寺へ喜捨するよりは、学校へ寄附するほうがずっと現実的です。日本の教育を立派にするには、遺産を学校に寄附する人が増えなくてはなりません。この点では日本は後進国です。

学校がダメなら、研究所、病院など団体に寄附する手があるのですが、これらも、寄附を受ける覚悟ができていないのが普通です。寄附が本当に生かされる保証はあまりはっきりしません。受けた側での経理を公表できるところはないといってよい。それではだましとられたのと大差がないのです。寄附をしたがらないのも無理はないと言えるかもしれません。

欲を捨て、喜捨の心で、世のため人のためになる金の使い方は、意外に難しいのです。

わたし自身、喜捨の心を抱くようになってからの日は浅いのです。大きな口をたたくことはできませんが、いろいろ考えていて、だれにでもできることを思いつきました。

税金をとられると考えるのではなく、喜捨、寄附の一種に見なす、ということです。少しでも多く、少しでも長く税金を〝納める〟ことで、小欲を捨て、世のため、人のために役立つ金を出す。喜んで、誇りをもって出す。そういう人間が増えれば、日本はもっとよい国になるでしょう。そう考えるだけでも愉快です。

節税などということがまかり通るのは、欲の虫の社会です。進んで税金を納めるのが、近代社会におけるモラルなのです。

小脳を鍛える

戦後になって、学校の教師が「大脳が大切だ」ということを言い出しました。大脳生理学の研究が進んで、これまではっきりしなかったことがわかるようになったのがきっかけでした。

ものごとを考えるのが大脳の前頭葉であるといったことを、得々としてのべたりしました。それまで、ぼんやり〝頭〟と言っていたものが、科学的に解明されたように思った人が多かったのです。

しかし、実際、新しい大脳の知識を利用して教育をした人はなかったのです。大脳に人気があったので、小脳は、見向きもされませんでした。〝小〟という文字もいけない。いかにもつまらぬと言わんばかりです。小脳のことなど口にする人もいませんでした。いま考えると、たいへんおかしいのですが、小脳が大きな役割を果たしているなどということを知る人もいませんでした。

「大小」と区別されてはいますが、人間にとって、どちらも、たいへん重要なはたらきをしています。幼い子どもにとっては、小脳のほうが大きなはたらきをしているかもしれません。

たとえば、歩くこと。主として小脳による活動です。指先を使った作業も小脳のはたらきによりますので、箸を使うのはもちろん小脳が主役です。小脳をバカにした子育てをして、箸の使えない子が多くなったのは、戦後の子育ての負のあらわれです。

近年、脳科学の研究が進んで、小脳の役割がこれまで考えられてきた以上に大きいことがわかってきました。ことに、幼いときの発育は小脳にかかわるものが多いのですが、多くの人はそのことを知りませんから、いろいろなおもしろくないことを起こすのです。

たとえば、歩き出すとき、うまく歩くことができるかどうかは、小脳のはたらきによるところが少なくありません。経験のない親は歩き方を教える必要を知りませんから、ただ「あんよは上手」などと言って、手をひっぱるだけです。それでは、うまく歩けるようになりません。体をまっすぐ立てて、足を伸ばして、前後させます。そういう練習をすると、正しい歩き方ができるようになります。

こういうしつけを受けないで大きくなりますと、悪い癖の歩き方をするようになるのです。いったんついてしまった癖は簡単になおりません。もっといけないのは、左右の尻を動かす歩き方で、腰痛などの原因になります。

自転車に乗れるようになるのは、もっとはっきり小脳の力によるところが大きい例です。生まれながらに自転車に乗れる子はひとりもいません。練習して乗れるようになるのです。最初からうまく乗れることはなくて、何度も転んで、体に乗り方を覚えさせます。

小脳は「失敗から学んで成功に導くこと」を知っている点もすばらしい。そして、失敗は忘れて、次を試みる。失敗したら、また忘れて、次を試みる。うまく行ったら、それは忘れないで覚えておく。こうして成功が続くようになるのです。失敗は忘れ、成功は覚えておくというのが小脳の特技です。これで難しいことができるようになるのです。

小脳活動を小バカにしていると、運動不足になり健康を害するようになります。学校でも、大脳をはたらかす勉強ばかりを重視して、小脳をはたらかすのは、体育くらい。それでは運動不足です。大人になっても、体を動かさずに仕事することが多くなると、小脳の運動が不足してしまい、健康を害するようになります。

近年では、四十代、五十代を中心に、腰痛に悩む人が約二千八百万人もいる、という調査のことはすでに述べました。それは運動不足が原因であり、マッサージをしたくらいでは治りません。小脳の活動をさかんにする必要があるでしょう。

運動というと、ジョギングや散歩を考えるのもすこし古い考えです。もちろん散歩はいい運動になりますが、それだけが運動のように考えるのは単純です。運動、エクササイズは、体の動くところをすべて動かすのが基本です。足だけ動かして喜んでいるのはおかしいのです。手も動かさなくてはいけません。口も動かす、目も耳も散歩させることが必要なのです。

それでわたしは、〝五体の散歩〟を考えました。足、手、口、目、耳をすべて用もないのに動かすのです。健康法としておもしろいと思って、人にもすすめますが、賛成してくれる人は多くありません。小脳を大切にする人が少ないからでしょう。

年をとると人間は子どもに近くなるようです。子どもは小脳のはたらきによって活気のある生活をしています。五十代であっても、めいめい、小脳をうまく使うことができれば、若返りとまではいかなくても、元気でいることはできるでしょう。

昔のヨーロッパの人が、人間を「精神と身体」に分けて考えました。そして、精神のほうが重要であるとして、肉体を軽んじました。精神にかかわる大脳のほうが、身体にかかわる小脳よりすぐれたものであると考えるのは、自然だったのです。ですが二十一世紀になっても、その古典的観念にしばられているのはおかしなことです。

大脳と小脳を別々に考えるのがそもそもおかしいのです。同じ人間にそなわっている器官です。ケンカしたりするわけがない、と考えるのが自然ではないでしょうか。大脳と小脳がうまくタイアップすれば、人間の力は、大きく増大するでしょう。小脳を軽んじるのは知識中心の近代文化が生んだ偏見であると言ってよく、いつまでも後生大事にしているのは決して自慢できることではありません。

若い人は、人生経験が足りませんから、大小脳協合の生き方がわからなくてもしかたがありませんが、五十代ともなれば、大脳あり小脳もあり、それが力を合わせれば、新しい人間力が生まれる可能性がある——そういうことも考えるくらいの知恵を持ちたいものです。

そういう人は、年の功以上の活力を持ち、二毛作の人生を実り多きものにすることができます。若者の及びもつかないところです。そういう人が多ければほっておいても、年長者への敬意も生まれるでしょう。

いまの五十代以上の世代は、そういう人間観のパイオニアであると胸を張ってよろしい。

〝どうせ〟は禁句

仲間と山形へ旅行したことがあります。土地の人に案内されて、あちこち見てまわりました。最初に訪れたところで、靴を脱いで上がらなくてはならなかったのですが、そこを出た帰り道、仲間のひとりが歩み寄ってきて、

「あなただったんですね。さっき靴を脱いで上がったとき、イタリア製の高級靴があって、だれだろうと思ったのです」

と言います。仲間のうちでも高級品の目利きとして一目おかれている人です。さすがだと感心するとともに、なにかホメられたようでいい気持ちでした。

その少し前に、わたしは定年で勤めをやめました。なんとなく灰色の余生が始まるようで、おもしろくない。このまま老い込んでしまうようで不安でもありました。

〝そういう弱気を吹きとばすには、くよくよしていてはいけない。気分一新するには、生活も一新しなくてはなるまい。これまで、質素につつましく生きてきたが、いかにも、しみったれているではないか。ここで、豹変してみよう〟などと考えたのです。

ぜいたくをしたくても、すべてのモノを高級品でそろえることはできません。昔から、宿屋の下足番は、客の脱いだ履きものによって、客の品定めをして、それをあらわす声でほかの人に合図する、ということを聞いていました。つまり、履きものが、客の見分けになるということで、さすがに商売の知恵だと感じ入っていました。それを思い出して、最高級の靴を履けば、最高級の人間にはなれなくても、自分でえらくなったような気がするに違いない、そう考えたのです。

デパートへ行って、いちばん高い靴を見せてくれと言うと、店員がうやうやしく奥へ案内してくれました。名前は忘れましたが、イタリア製で、値段は七万五千円くらいでした。それまでは安い靴しか履いたことがありませんでした。

履いてみると、さすがです。うちのものに「王様になったような気がする」と言って笑われましたが、わが第二の人生もこの靴みたいになればいい、そうしよう、などとタワイもないことを考えました。

新しい人生を踏み出すにはこのイタリア製の靴が大きな力になってくれたようです。そう思えば七万五千円は決して高くない。

それから何年かして、散歩用の靴を買いにデパートへ行きました。靴の売場に近づくとベテランの店員が歩み寄ってきて、ささやくように、

「立派な靴をお召しで……」

と言いました。さすがプロ、遠くから足もとを見ていたのでしょう。いい加減なものが買えなくなって弱りましたが、悪い気はしませんでした。年をとったら、おしゃれ、ぜいたくは、いいクスリです。やはり若返るのはむずかしくても、元気は出ます。なりふり構わずというのは、若いうちのこと。年をとったら、なりふりをできるだけよくしたいものです。

ある有名大学に、有名教授のAさんという方がいました。もともと地味な人

柄でしたが、定年で退職すると、仙人のようになりました。まるで風采をかまわず、ホームレスみたいなものを着て町をうろつきました。私の知り合いがAさんの家の近くに住んでいました。その人の娘が道行くAさんを見て、なんて気の毒なのだろうと思ったそうで、かつての有名教授だと言っても信じようとしなかったそうです。Aさんは博学多識だったでしょうが、〝馬子にも衣装〟ということをご存じなかったものと思われます。

年をとって、第一の人生が終わると、もうあとはない、あっても余生だと勝手に決めてしまいがちです。まわりにそういう人が多いからかもしれません。自分を大切にする心を失ってしまうのです。どうせもう仕事をやめたんだから、どうせ、することもないのだから……などと、〝どうせ〟という心理が先に立ちます。

この〝どうせ〟を封じるのが、年長者の知恵ですが、なかなか、その心境に達しないのが実際です。

江戸中期の俳人、滝瓢水《たきひょうすい》の句に、

濱《はま》までは海女《あま》も蓑《みの》着る時雨《しぐれ》かな

という名句があります。これほどの深みのある句はないと、わたしは年来、信じています。日本人は俳句好きで、俳句をつくる人はおびただしくいますが、ことばの遊び、花鳥風月のすさび、というところが強く、人生を句にすることは少ないように思われます。その中にあって瓢水は人間の心を句にすることができました。一般にあまり知られていないのは残念です。

瓢水は播磨《はりま》の人、千石船を何隻も持つ豪商の家に生まれましたが、その天才のため、家業を維持することができず破産させてしまいます。

蔵売って日当りのよき牡丹《ぼたん》かな

と達観することのできた人です。人間を超えたものを持った人だったのでしょう。物や金に目がくらんでいて、よく見えなかったものが、破産によって、邪魔するものがなくなり、それまでかげで見えなかった美しいものが目に入るようになったという発見です。

「濱までは海女も蓑着る時雨かな」はもっと深いものをたたえているように思われます。

海女は浜へ着けば、海に入る身、濡れることはわかっています。時雨が降ってきても、どうせ、すぐ濡れるのだから雨に濡れていこう、などというつつしみのない考えはしない。やがて濡れる身であることはわかっているが、それまでは濡れないように蓑を着てわが身をいとう、大切にするというのです。どうせ、という弱い心をおさえて、わが身をかばい、美しく生きるたしなみ、それが人間の尊さであるのを暗示しています。〝濱〟を〝死〟に読みかえることができれば、この一句の意味はいっそう深くなるでしょう。

人生を二度生きようとするには、この〝どうせ〟という考えを捨てて、わが身を大切にして進む心がなくてはなりません。瓢水自身、第一の人生、一毛作目は失敗だったと言ってよかったけれども、二毛作目で不滅の仕事をしたと言ってよい。現代に生きる人間にとっても多くのことを考えさせます。

自分のことは自分の力で

人間はほかの動物よりも「自立力」が見劣りするように思われます。それだけ人間が進歩しているわけですが、自立できない人間ができてしまうのは困ったことです。野生の鳥などは生まれてしばらく、親からインプリンティング(刷り込み)という、しつけ・教育を受けますが、ほんの短い期間で終わってしまい、その後、親離れをして、独り立ちします。いつまでも親に助けられているというようなことはありません。

それに比べると人間はいかにも不甲斐ない。幼稚園へ行くようになっても、いちいち大人に助けてもらいます。ひとりで育つなどということはありません。小学校でも自立しません。中学、高等学校くらいになると、生意気なことを言うようにはなりますが、自立などということは夢にもできません。親、家庭の保護がなくては生きていけません。もしその保護がなければ、子どもはたいへんな苦労をします。

人間は人の世話を受けて生きる期間が長く、そのために、自活力を失いがちです。これが人間の弱点になります。過保護なのです。それで依存的になり、自分のことが自分でできない人間が多くなってしまいます。

自分のことを自分の力でする――これは生きていく上で大原則です。それが不充分では弱い人間になってしまうのです。

子育てでも、もっと、この自活力・自律力をしつけなくてはいけません。幼稚園などでもいくらか心がけていますが、不徹底です。もっとしっかりしつけないといけません。

幼稚園では、遊んだあとに、遊具などを片づけるように指導していますが、しない子がいても大人が代わって片づけたりします。しかし、それは間違いです。とんでもないことです。そういう幼稚園では弱い子に育つでしょう。

子どもは、厳しくしつける必要があるのです。きちんと片づけができるようにするのは、当然です。

幼いときに、なんでもしてもらうくせのついた子は、大きくなっても自分のことをする力が欠けることになります。つまり、まわりが手厚く保護すればするほど自立力、自活力はつきにくいのです。

不幸な境遇で育つ子は、そういう保護がなくて生きていかなくてはなりませんから、自然に、なんでも自分でする力を持つことになります。貧しい生い立ちで、立派な人間になった人は少なくありません。反面、恵まれた環境で育ったのに、人間としての力が乏しくみじめな人生を送る例は、これまた、おびただしくあります。

自分のことは自分でする——むやみに、人に頼ったり、人から助けてもらうのは恥ずかしいことである、ということを、子どものうちに身につけることができれば、立派な人生を切りひらくことができるでしょう。

普通の家庭や学校などは、この自立、独立の精神を鈍らせるきらいがあります。

恵まれた環境で育った人ほどこの点に留意する必要があります。さきにも述べたように、二代目、三代目といわれる人が弱くなりがちなのは、自分でしなければならないことを、まわりにしてもらっているからです。裸一貫、たたき上げという人のほうが、たくましい生活力を持っているのは当然でしょう。

ヨーロッパの先進国は、生活弱者を社会が救済することを考えて、社会保障の制度をつくりました。戦後の日本もそれに倣《なら》って、社会保障が制度化されました。健康保険や生活保護が公的サービスになり、一般の人には年金を支給するようになりました。社会としては進歩ですが、それによって恩恵を受ける国民にとっては、必ずしもいいことばかりではありません。働こうと思えば働けるのに、生活保護を受ける人があらわれたのはそのひとつです。自助、自活の精神が見失われるようになりました。

「天はみずから助くるものを助く」（Heaven helps those who help themselves.）という西洋のことばがありますが、わが国では、少しゆがんで理解されているようです。

〝みずから助くる〟というのはhelp themselvesの訳ですが、このhelpということばが、日本人によくわからなかったために、「みずから助く」などという妙なことばになってしまったのです。

help themselvesというのは、人の手を借りないで自分のことは自分でする、の意です。天は天を頼るような人ではなく、自分のことは自分でする人の味方だ、と言っているのです。社会保障は、これに外れていることになりますが、それを言う人がいないのは、弱者救済はよいことだという常識に押しこめられたためでしょう。

もともと、自営の仕事をしている人は、自分のことは自分でするのが当たり前でした。うまくいかないからといって援助してくれるところもありません。いよいよ、となれば破産です。

それにひきかえ、勤めを持つ従業員は、生活の保証を受けていますから、気が楽です。自分のことを自分でするのではなく、企業や組織のために働いて、そこから給与を受けることになっています。自分のことは自分でする、という点からすれば、少しあいまいです。自己責任で生きている従業員はむしろ少ないでしょう。自活ということもあいまいになります。いわばエスカレーターに乗っているようなものです。自分の足で階段を昇っていくというのとはまったく違います。

働き方としては自営や一次産業の人より勤め人、サラリーマンは楽に見えますから、サラリーマンを望むようになり、短い間に、大多数の人が俸給生活者になってしまいました。それにともない、自分のことは自分でするという精神もうすくなっていきます。それを支えるために、年金があります。年金制度は勤め人の自助力を低下させることになりました。

年金があるから、なんとか暮らしていける、と言って自らを慰めている人は、二毛作目を考えません。

人生二毛作主義は、自分のことはあくまで自分の力でするという覚悟によって可能になります。年金を頼りにする人には、二毛作の考えは生まれないでしょう。ひとつの仕事が終わったところで、その後、生きる期間が短ければ、二毛作の必要はありません。戦前のサラリーマンは二毛作を考える必要がありませんでしたが、寿命がのびて退職後、三十年、三十五年生きるようになると、年金頼みの人が多くなり、社会は衰えます。

見習うべき先例もないまま、途方にくれる人がおびただしくいますが、ひそかな悩みで外へあらわれませんから、若い人は気づかず、社会問題になることもありません。

二毛作にふみ切るのは、人間の歴史においても、かつてなかったことです。いまのサラリーマンは前人未踏の生き方を迫られているわけで、それに失敗して、苦しむ人がどれだけいるかわかりません。

自分のことです。自分でなんとかしなくてはいけません。助けてもらいたくても、助けてくれるところはありません。

そこで血路をひらくのが人生二毛作です。新しい人生を、自分の力でつくり、進むのは、昔の人の知らなかった冒険のようなものです。

成功が保証されているわけではありません。

それどころか、失敗の危険も小さくありませんが、それでもあえて挑戦するのが二毛作精神です。

天も、それを助けてくれるはずです。

ギブ・アンド・テイクの心

たいていの人は、自分の力で一人前になったように思っていますが、とんでもない認識不足です。ひとりで大きくなった子どもはいません。未熟な状態で生まれてくるのですから、放っておけば生きられない。手厚い保護、養育を受けて大きくなる。ありとあらゆることを教えてもらうのです。

学校へ行くと勉強をしますが、自分の力で知識を身につけることができないから、先生に教えてもらう。しかし、子どもは、感謝することを知らない。不平を言い、いやいやながら教育を受け、自分で進歩したように思っています。

社会に出て、仕事をしますが、させてもらうという考えがない。勤めのある人のことを昔は〝月給とり〟と言いましたが、月給をもらっているのです、ありがたいと考えるサラリーマンは変人扱いされます。大多数の人は、月給をくれて当たり前、という気持ちで働いています。感謝しながら働くサラリーマンは珍種です。不平たらたら働いて、退職。

退職金をもらう。年金ももらえるいい社会です。でもありがたい、などと思うのは普通ではありません。くれて当たり前のように、たいして働かないで金をもらうことができます。

一生の間、もらうばかりです。お返しということが、ありません。もらいぐせがついていて、もらったら、お返しをするのが人の道であることを知らないで、えらくなることができます。

かなりもののわかった人ですら、このこと、つまり、もらいっ放しで、お返しをしないことをおかしいと気づかないようです。人知の遅れと言ってもよい。英語にギブ・アンド・テイク（give and take）という成句があります。辞書を見ると、「①（同等の条件で）ゆずり合う、妥協する、②意見を交換する」の意味を与えていますが、それは慣用によって生まれた派生的な意味です。文字通りの意味は、「与えることともらうこと」です。まず、「人になにかを与える、それに対してのお返しをする」という意味です。

人間の生き方においては、この、ギブ・アンド・テイクの順がひっくり返っています。子どもから若いとき、さらに成年になったあとも、テイク、つまり受身で生きています。してもらうことで生きています。なにかしてもらったら、お返しをしないといけないことはあまり教えられません。

学校教育を受けても、社会へ出て経験を積んでも、自分は自分のために努力すればいいと思っています。自己中心、私利私欲に目がくらんで、ほかの人のこと、世の中のことがさっぱり見えなくなってしまうことが多いのです。

してもらうのは当然、お返しに、世のため人のために役立とうなどと考えては、生存競争を勝ち抜けないと、短絡的に考えるのが、少しばかり教育を受け、少しばかり知的になった人間の落とし穴で、きわめて多くのエリートと言われる人も、その穴へ落ちてしまいます。

現役の仕事をしていて、人生、ギブ・アンド・テイクではなく、テイク・アンド・ギブであると気がつく人はまず皆無でしょう。サラリーマンとして、テイクがあればギブがなくてはならないと悟る人があれば、天才的です。すばらしい人生を切りひらくことができるはずです。普通の人はまず気づきません。定年後、新しい人生を始めるにあたっても、何をするかが問題なのではなく、どう生きるかが大切です。現役のときと同じ考えで、テイク中心に生きようとすれば、年をとっているだけ不利です。みじめになります。

発想を変えれば、おのずから新しい人生が可能になります。自分中心のテイク・アンド・テイクを脱却し、ギブ・アンド・テイクに頭を切り換えれば、新しい世界があらわれるでしょう。世のため、人のため、そしてわが身のために生きることができれば、年とともに人間力は高まります。

高齢者は働きたくても働くところがない、といって愚痴をコボす人がいます。当たり前でしょう。学校を出る人の就職も思うようにいかない世の中で、くたびれた退職者に仕事をさせるような浮世ばなれたところがあるわけがありません。

働き場がなかったら、つくることです。しかし、ずっとテイク・アンド・テイクの生活をしてきたのが、年をとってから、新しい働き場を求めるというのが無理なのです。

まず、考えを変えることです。

これまで自分のために仕事をしていたのを、いくらかでも、世のため、人のためになることをしようと頭の切り換えができれば、新しい道が見えてくるでしょう。

わが身のためだけを考えていては、高齢者に仕事がまわってくるはずがありません。

自分中心、テイク・アンド・テイクの気持ちを捨てて、ギブ・アンド・テイクにすれば、いろいろな仕事があることがわかります。

ギブ・アンド・テイクが原則ですから、まず、はたらいてみせるのです。そして、できることならテイクして、収入を得よう、というように考えます。ときによっては、ギブはしても、テイクのできないことがあるかもしれませんが、それを損だなどと考えないことが、新しい生き方を切りひらくものの意気です。

前半生で、充分とは言えなくとも、社会から多くのものを与えられています。テイクは充分です。ギブのないテイクですから、少し気がひけるように感ずるのが、人間らしさですが、末世のいま、あまりそういう人はいません。テイク・アンド・テイク派が大勢を占めています。

二毛作の人生を試み、それに成功するには、テイク・アンド・テイクの人生観を捨てる必要があります。ギブ・アンド・テイクの生き方へ切り換えなくてはなりません。

ギブ・アンド・テイクは、テイク・アンド・テイクより高級な生き方です。うまい仕事が見つからなければ、ギブ・アンド・ギブの仕事をするのです。タダ働きです。そんなのつまらないというのは、テイク・アンド・テイクにとらわれているからです。

若い人にはタダ働きはできません。年をとれば、タダ働きに生き甲斐を見つけることが心がけ次第では可能です。

人生二毛作は、ギブ・アンド・テイクによって実りをつけることができます。

残照夢志

十一月三日、誕生日、九十一歳になりました。

若いときから、年のことには興味がなく、誕生日を特別な日だと思ったこともありません。

しかし、今年は、少し様子が違うのです。もちろん、どうしてか、などわかるわけがありません。偶然でしょう。しかし「うかうかしてはいられない。もっと大きな仕事をしなくてはいけない」と思ったのです。

学校で教えることをやめて、第二の人生へふみ出したつもりでしたが、ありようは、第一の人生をひきずっていたのです。

もう若くないにもかかわらず、ちょっとした思いつきを本にしていい気になっていたのは、見苦しいのですが、そこは人間ができていない悲しさで、ときに、得意になったりしていました。恥ずかしいことです。

忙しければ年はとらない、老い込まない、というだけのことをいかにも発見のように思って、やたらに仕事をしました。

現役のときには、むしろ怠けもので、あまり本を読みませんでした。学生の指導もなおざりで、学生から見離されて、まっとうなものは寄りつきません。慈善的学生が、たまに近づいてくるくらいです。教師としては落第でした。学校を辞めるのは、セイセイしました。ひとりになれて、さっぱりしました。

そして「これからはがんばるぞ」と意気がって、むやみに本を書き出しました。教室の学生と違って本の読者は姿が見えませんから、変に気をつかうこともありません。読者は知らん顔をしていられるのがありがたい。そう思ってせっせと本を書き、出版して、忙しく働いていると錯覚しました。

人間、知識をため込むだけではダメ、考えてこそ人間である、などとえらそうなことを書いて本にしましたが、恥ずかしいことながら本人の思考が貧弱でした。未熟だったのです。

「本当に考えるというのはどういうことか」を考えるようになったのはほんの最近のことです。目下、努力中ですが、なかなか、とらえられない。しかし、それがおもしろいと感じるようになりました。少し進歩したのかもしれません。まだまだ、わからぬことが山ほどあります。うかうかしてはいられない。

誕生日の少し前から、「考える」ということを本格的に考えて、知性を超える理性というものを明らかにしたいと考えました。

長い間、考える基礎は知識であると信じていましたが、知識から思考の生まれることはまれで、生まれる思考は小粒で非力です。

思考は、生きている人間の頭から生まれるのが筋です。研究室で本を読んでいる人は思考に適しません。生活が貧弱だからです。試行錯誤を知らない暮らし方では生活とは言えないと考えました。

生活は知識より重要です。知識のために生活を犠牲にしている学校教育は、人間の成長にとって大きな妨げとなることを、お互いしっかり認識する必要があります。生活とは何か、普通いわれる経験との関係はどうか。そんなことを考えるのもなかなかおもしろいと思います。とにかく「新しい勉強」をしよう。超老人の志です。

これまで、生活の大切さを書いたこともありますが、思考が不充分で、常識論としてもお恥ずかしいシロモノです。これからは、それにとり組んで、新しい生活論をつくりたいと願っています。

ほかにもあります。

われわれは一生、欲望と付き合っていかなくてはなりません。欲望のあらわれ方があまり感心しないことが多いため、欲望は悪者扱いを受けていますが、欲望は人間の原動力のひとつです。なくては生きていけません。ガソリンが危険だからといって、それを抜いてしまえば、クルマは一センチだって動きません。欲望は一筋縄では縛れない暴れものですが、じっくり、その実質を考えて、人間理解を深めたいと思います。

文学青年などは、「文学第一、生活否定」といった思想にとらわれると、一生を無為に終えてしまいます。小説を書くには、生活がわからなくてはなりません。二十歳にもならない若者にも「傑作」が書ける小説などというものに、人生的意義はあまりないと言うべきです。得意になっている文学青年は目をさまさないといけない。

「なせばなる、なさぬは人のなさぬなり」などという間抜けたことばがありますが、われわれの世界は、われわれの意志や希望などとは別に存在していることを忘れています。

なんでも思うようになるなどと思っているから失敗したりするのです。

偶然という力があります。それは偉大なもので、科学者は、そのおかげで大きな仕事をしたりしています。それが「セレンディピティ」だということを、このごろやっと一般の人も知るようになりましたが、本当のセレンディピティを考えている科学者は多くありません。セレンディピティをおこしているのは、偶然です。この偶然について、考えを深めたいと思っています。偶然は確率が小さいのが特色ですが、偶然の本質を追究して、その正体がわかったら、偶然を強化し、確率を高くすることができないかと考えています。それでいい考えが出れば、偶然は偶然でなくなり、新偶然となります。そうなれば、世界が変わるかもしれません。

これは七十歳くらいのときに思いついたことですが、「忘却の効用」もさらに追及したいテーマのひとつです。年をとってもの忘れがはげしくなったのがキッカケで、忘却ということを考えるようになりました。

「頭のいい人は、うまく忘れる人だ」という仮説を立てましたが、なお、不充分です。改めて、忘却のはたらきが、たいへん重要であることを明らかにしたいのです。かつて、『忘却の整理学』という本で、途中までの考察を発表しましたが、もっと深いところがあるような気がします。それを新しく考究したいと思いました。

九十一歳の誕生日をきっかけに、こういう問題がライフ・ワークとして頭に浮かんできました。もちろん、一度にできるわけがありません。生きているうちに仕上げられる自信もありませんが、はっきり、ライフ・ワークとして確認すれば、生き甲斐にはなります。生きる目印にもなります。なにより、楽しく忙しくなるように思います。

この歳になって志を立てるというのもおかしな話ですが、倒れるまで走り、歩み続ける目標となれば愉快です。

人生二毛作。いったんは、そうしたつもりでしたが、まき忘れた種があることに気がついて、おそまきながら、種まきをしなおします。

残照夢志。

おわりに

「人生はマラソンである」。そういうことを考えて、さも、発見であるように思った。もう三十年以上も前のことである。マラソンには折返し点があって、それまでとは正反対の方向へもと来た道を走る。折返し点で、逆行するところがおもしろい。いつまでも同じ方向へ走り続ければゴールから遠ざかるばかり。マラソンはいかにも人生を象徴しているように考え、ほかの人には吹聴したりもした。

寿命がのびて、退職後、長く生きる人が増えたが、どうも元気がない、生き甲斐をもってさっそうと生きていくことが少ない先輩たちを見て、老後の生き方は変えなくてはならない、と思ったのである。

かつては、人生五十年、と言ったものである。還暦になればもう老人。七十歳は文字通り、ホマレナリであった。年をとってからのことをくよくよすることも少なかった。

昔の人は多く自分の仕事をした。農業などをしていれば定年ということはない。生涯現役でいられる。ところが勤め人はそうはいかない。いやでも定年がある、退職がある。かつてはサラリーマンが少なかったから、定年後の生き方についての心の準備などでお手本になるものも少ない。みんな定年になって、いくらかみじめになった。

そういうときに〝人生はマラソンである。いやでも折返し点がある〟というのはけっこう新しい発想だった。折返し点をまわったら、それまでと反対の方向へ走っていく、逆もどりをする、というのも、そのころは目新しい考えであった。

それから三十年すると、また、新しいことを考えるようになった。

〝人生は二毛作である〟

寿命の短い時代、一度の収穫しか望めないが、人生八十年といわれる時代になると、一毛作では不充分である。もう一度、新しい作物をつくる二毛作の思想が必要になると思いついたのである。二毛作はなかなか新しい。マラソンを走るのと比べてはるかに複雑であるが、人間はもともと複雑なものだから、よりよいモデルになる。

実際、人生二毛作ではどういう生き方をすればよいのか。そう思ってまわりを見わたしても、お手本になるようなケースが見当たらない。多くの人は、マラソンではなく、直線コースを走って定年というゴールに達し、そこで、まだまだ力尽きてもいないのに、目指すものもなく、へたりこんでしまっている。いかにもふがいない。

二毛作思想を持てば、定年は新作の始まりである。新しい種まきをしなくてはいけないが、うっかりしていると、まく種がないということになる。種まきになって種を探すようではいかにもノンキである。

二毛作を実践した人が少ないこともあって見習うべきものがまったくと言ってよいほどない。よく探せばあるのかもしれないが、世間のせまい一般の人間の目には入らないであろう。

しかたがない。自分のことを披露するほかなくなった。自分で自分のことを書くのは決してよい趣味ではない。むしろ、ハシタないことである。それは充分承知しているつもりだが、この際、目をつむって、その恥ずかしいことをお目にかけることにした。読者の寛容を祈るのみ。

もともと、私は人生二毛作の考えによって生きてきた人間ではない。二毛作を思いついたのは老人になってからである。それまでの生き方がいくらか二毛作の考えに近いとすれば、それは偶然だったと言った方がよいかもしれないのである。二毛作人生を生きようとすすめる気持は強いけれども、私の生き方をおすすめする気持ちはない。他山の石くらいのつもりでご覧いただきたい。いくらかでも参考にしていただければ幸いである。

この本は、はじめ、『「人生二毛作」のすすめ』(飛鳥新社)の文庫本として企画された。著者が読み返してみると、その後考えの変わったところがいくつもあらわれた。文章の一部改変くらいでは追いつかなくなってしまった。しかたがないから、後半は書き直す、というより、全く新しい内容にすることにした。

そういうことはあるにしても、人生二毛作は、高齢化社会にとって、ひとつの新しい考え方であると信じ、この本を世に送ることができるのを喜んでいる。

外山滋比古

二〇一四年一二月二五日

本作品は、飛鳥新社より二〇一〇年三月に刊行された『「人生二毛作」のすすめ』を改題し、加筆・修正をしたものです。

外山滋比古（とやま・しげひこ）

英文学者、評論家、文学博士。1923年愛知県生まれ。東京文理科大学英文科卒業後、51年に雑誌『英語青年』編集長に就任。56年に東京教育大学助教授、68年にお茶の水女子大学教授（うち5年間お茶の水女子大学附属幼稚園長を兼ねる）に。

現在は同大名誉教授。専門の英文学のほか、言語論、修辞学、さらには教育論など広範な学術研究と評論活動を続けてきた。

『外山滋比古著作集（全8巻）』（みすず書房）、『思考の整理学』（ちくま文庫）、『老いの整理学』（扶桑社新書）など著書多数。

だいわ文庫

50代《だい》から始《はじ》める知《ち》的《てき》生《せい》活《かつ》術《じゅつ》

「人生《じんせい》二《に》毛作《もうさく》」の生《い》き方《かた》

著者　外《と》山《やま》滋《しげ》比《ひ》古《こ》

二〇一五年二月一五日第一刷発行
二〇一五年六月二五日第九刷発行

発行者　佐藤　靖
発行所　大和《だいわ》書房
東京都文京区関口一―三三―四　〒一一二―〇〇一四
電話　〇三―三二〇三―四五一一

フォーマットデザイン　鈴木成一デザイン室
本文デザイン　松好那名（matt's work）
本文イラスト　坂木浩子（ぽるか）
編集協力　浦野敏裕
本文印刷　歩プロセス
カバー印刷　山一印刷
製本　小泉製本

ISBN978-4-479-30520-0
乱丁本・落丁本はお取り替えいたします。
http://www.daiwashobo.co.jp